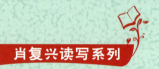

肖复兴读写系列

肖复兴／著

我的体育散记

WO DE
TIYU SANJI

SPM 南方出版传媒

全国优秀出版社 全国百佳图书出版单位 广东教育出版社

·广州·

图书在版编目（CIP）数据

我的体育散记／肖复兴著．—广州：广东教育出版社，2019.11
（肖复兴读写系列）
ISBN 978-7-5548-2919-6

Ⅰ．①我…　Ⅱ．①肖…　Ⅲ．①运动员—生平事迹—世界—青少年读物　Ⅳ．①K815.47-49

中国版本图书馆CIP数据核字（2019）第153606号

责任编辑：邱　方　唐娓娓
责任技编：杨启承
装帧设计：陈宇丹
图片来源：@视觉中国

广 东 教 育 出 版 社 出 版 发 行
（广州市环市东路472号12-15楼）
邮政编码：510075
网址：http://www.gjs.cn
广东新华发行集团股份有限公司经销
广州市一丰印刷有限公司印刷
（广州市增城区新塘镇民营西一路5号）
787毫米×1092毫米　16开本　17印张　340 000字
2019年11月第1版　2019年11月第1次印刷
ISBN 978-7-5548-2919-6
定价：43.80元
质量监督电话：020-87613102　邮箱：gjs-quality@nfcb.com.cn
购书咨询电话：020-87615809

肖复兴

  北京人，毕业于中央戏剧学院。在北大荒插队六年，在大中小学任教十年。曾先后任《小说选刊》副总编、《人民文学》杂志社副主编、北京市写作学会会长、中国散文学会副会长。已出版长篇小说、中短篇小说集、报告文学集、散文随笔集和理论集一百余部。曾获中国好书奖、冰心散文奖、老舍散文奖、朱自清散文奖多种。近著有《肖复兴文集》十卷、《肖复兴散文》四卷、《肖复兴读写系列》八卷及《我们的老院》《北大荒断简》《合欢》等多种。《那片绿绿的爬山虎》等作品入选中小学语文课本。获得首届"全国中小学生最喜爱的作家"称号。

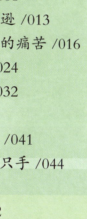

目　录

辑二

我的体育散记

辑三

自 序

　　体育，对于一个孩子的重要性，现在已被越来越多的人尤其家长重视。做家长的通常认为，体育是一种锻炼，可以帮助孩子有一个好的身体，这是一个孩子学习持久的保障，成长健康的基础。

　　这样的认识，自然没错。但是，体育不仅是为了自己有一个健康强壮的身体。这只是体育的一种功能而已。

　　我的孩子读高中的时候，痴迷于篮球，对于NBA（美国职业篮球联赛）当时的巨星乔丹很崇拜，即使第二天期末考试，如果当天晚上有比赛，他也要看。那时，我和很多家长一样，认为体育锻炼重要，可以有个好身体；看比赛，便没有那么重要，为什么偏要在考试前夕观看呢？为此，我和孩子发生了争执。其实，那时，我仅仅将体育做实用主义的解读，不知道体育其实更重要的是一种精神，这就是为什么人类在自己的原始时期，创造了艺术的同时，也创造了奥林匹克运动。体育是为了完善自己的一种更为理想的精神。锻炼和比赛，只是体育为

我们最为熟悉并看得见摸得着的外表之两翼。

　　我的孩子读高中的时候，参加学校运动会的1500米中长跑。进入决赛，已属不易，因为体育并非他的长项。参加决赛一共八位同学，他预赛的成绩位于第八。决赛开始了，他给自己订的目标就是一定要超过最后一位，只要超过一位，对于他就是胜利。当然，这需要付出代价，因为其他七位同学都跑得比他快，成绩高出的不是一星半点。事后，他告诉我，比赛的时候，他的脑子里出现的就是乔丹，乔丹总是在比赛最艰难的时刻挺身而出，最后取得胜利。乔丹的形象鼓舞了他，乔丹的精神帮助了他，最后，他真的就超过了一位选手，取得决赛的第七名。

　　这就是奥林匹克运动所强调的，体育也是一种教育，它以品技兼优的运动员为榜样，所要起到塑造一个人的人格、坚强的性格和对理想追求的精神的独特作用。奥林匹克运动所提出的：更高更快更强，便不仅指体育比赛，更是人类进步所追求的目标和理想。这样的一种精神追求，对于一个正在求学期间渴望成长的孩子，是何等的重要，并且因有明确的榜样在前而切实可行，远比一般狂热而盲目的追星，更有利于孩子的成长。

　　孩子在这次1500米比赛的事情，给我留下了深刻的印象，从而引起我的一些深思。一个孩子能够健康而全面地成长和发展，除了知识的必要学习之外，还有很多方面潜移默化的影响和持之以恒的锻炼，都是离不了的。这是一种合力。其中，体育所起到的作用，所能给予孩子的营养，往往是独特而出人意料的。

可以说，这也是我想要写《我的体育散记》这本书最开始的动因。

相比这套"肖复兴读写系列"中其他的书，写作这样一本书，对于我并不很难，因为我当过整整十年的体育记者，参加过奥运会、亚运会、东亚运动会、全运会，以及其他世界单项运动会，采访过诸如刘易斯、布勃卡、瓦尔德内尔等国际巨星，郎平、李宁、高敏、邓亚萍、栾菊杰等我国著名运动员，还有我国老一辈的运动员教练员陈镜开、年维泗、袁伟民、李富荣等人。我对体育并不陌生。我对体育曾经一往情深。我出版的第一本书的名字叫作《国际大师和他的妻子》，就和体育密切相关。

这本《我的体育散记》，不仅记述了这些国内外体育明星的成长经历和感人的故事，也写了一些残疾运动员更为艰辛而动人心魄的故事。我相信，他们的故事和经历，必然会对正在成长中的孩子起到帮助和激励的作用。孩子的成长期，往往会有英雄的情结。从某一方面而言，在艰苦卓绝的训练和激烈昂扬的比赛中，体育能够创造出平凡岁月中最让孩子激动而感奋的英雄，从而进一步鼓舞并激励他成长。

同时，在这本书中，我也写了对体育尤其对奥林匹克运动和奥林匹克精神的一些思索和认知。我希望，这样可以和孩子们一起探讨对于体育的理解，体育和我们之间的关系，从而将体育真的升华为一种精神，让最为常见的锻炼和比赛的两翼，

带我们起飞，进入体育更为宽广而美妙的天空，让我们能够成为一只搏击风雨的苍鹰，而不是匍匐在地的爬虫。

体育，可以让我们的身体更健康，让我们的性格更坚强，让我们的心灵更美好，让我们的精神更高尚，让我们的成长更充满魅力，值得我们一生去回忆。

到此为止，"肖复兴读写系列"前后写了十几年，一共八本全部完成了。谢谢广东教育出版社！谢谢我的老朋友、这套书的责编邱方女士。

也要谢谢一直坚持读到最后的读者。如果当初你还是一名学生，如今已经成人走向社会了；如果当初你还是一个父亲或者母亲，如今已经步入中年甚至老年。而我已经两鬓苍苍。我和你们一起成长，雪泥鸿爪，这套书就是我们共同成长刻印下的足迹。

今日立冬，北京前两天刚刚下了一场冬雨，从夜间一直淅淅沥沥下了白天一整天，仿佛情思绵绵，有些依依不舍这即将过去的又一个年头。

谢谢你们这么多年一直的陪伴，包括你们的批评和鼓励，以及期待。

想起普希金那句著名的诗句：

一切都会过去，

而那过去的一切都将成为美好的回忆。

辑

一

英雄乔丹

邓肯退役了，像乔丹一样退役了。NBA（美国职业篮球联赛）最伟大的两位英雄都退役了。NBA两个划时代的历史结束了。

相比较邓肯，我更喜欢乔丹。因为我更了解乔丹。

从乔丹在1984年NBA选秀大会第一轮第三排位被芝加哥公牛队选中，第一次出现在NBA的赛场上算起，他整整20年征战在NBA赛场上。在1072场比赛中得到32292分，平均每场比赛拿下30.123分，成为NBA历史上场均得分最高的球员，夺得过10次赛季得分王、6次总冠军、5次最有价值球员奖，入选过12次全明星赛……那一个个灿若星辰的数字，难道不证明乔丹是一个英雄吗？

同对邓肯一样，我对乔丹充满敬仰之情的是，同样是高龄，为了篮球的理想，依然坚持出现在NBA的赛场上。那是2001年，乔丹重新披挂上23号的运动衣，第二次复出NBA赛场。那一年，乔丹比邓肯现在的年纪还要大，他已经38岁了。当人们高声呼喊着"我们需要乔丹"的时候，他义无反顾地站了出来回应着那些呼喊。那些呼喊，是一种对他的由衷热爱，其实也可以说是一种对他的严峻挑战，在渴望着也在试探着他到底能不能出来再次走上赛场。

他接受了这种挑战，第三次走上NBA的赛场。并不是谁都可以做得到的，在39岁的时候，用自己的身体和手中的篮球，告诉人们说他行！满足人们对于篮球对于体育的无穷想象力。如果21世纪在体育的赛场上有什么行为艺术的话，乔丹这一举动就是最赫然醒目的行为艺术了。他告诉我们，奇迹是可以诞生的，奇迹就是这样诞生的。

乔丹缺少钱吗？媒体的热衷与炒作，NBA的渴望和鼓吹，可能是为了金钱的利益，因为他们都知道乔丹对于球迷的号召力，对于疲软的赛场有起死回生的回春之力。但乔丹不需要，他并不缺少金钱。他的年薪是所有运动员里最高的，几乎是美国总统年薪的一百多倍。如果仅仅为了金钱，他完全可以去做别的，比如代言广告，或者如我们的明星写写自己的传记或回忆录，或者出版写真集。令人肃然起敬的是，在2001年重新复出的那一年，他将第一年的薪水100万美元全部捐献给"9·11"受难者。

乔丹需要名气吗？他如一些二三流的歌星似的生怕被观众们遗忘，而需要时不时地上上镜头去混个脸熟儿吗？他不需要，他的名气足够用的，即使不上赛场，他曾经在赛场上叱咤风云的身姿、特立独行的空中滑翔飞人乔丹独有的灌篮，以及在关键甚至是危难时刻一锤定音的跳投，乃至那孩子似的微笑和吐舌头等一系列姿态，都早已深深地烙印在球迷的心中。因为他的精彩表现是NBA任何明星都无法比拟的，是他将那些无与伦比的划时代的

乔丹把篮球上升为艺术

美妙瞬间化为经典的永恒。

　　那么，乔丹为什么非要在39岁的时候选择了人们对他的这一挑战呢？他需要的到底是什么？很简单，在我看来，只有这样两个答案。

答案之一：是他选择了这一挑战，实际上就是挑战自己，看看自己在这个年龄到底还行不行；同时，他也是挑战体育运动的极限，看看运动的终极到底在哪里，自己能不能冲破这一极限。

　　并不是什么人都敢于挑战自己，也敢于挑战面对自己极为强悍的客观世界的。我们普通人，一般难有乔丹这样的能力和机遇，便也难有乔丹这样刺激炫目和万众瞩目的挑战，但我们和他一样拥有对于自身的挑战和对于我们生存的客观世界的挑战，意义是大同小异的，只不过那些挑战更平常，更琐碎，更日日伴随在我们的身旁，考验着我们，砸姜磨蒜般地磨炼着我们。如果我们能够像乔丹一样勇敢地接受了这种挑战，即使成为不了如乔丹一样世人皆晓的伟大人物，也可以获得如乔丹一样的收获。人们心理上的收获是没有高低贵贱之分的。因此，从这一点意义来说，奥林匹克所阐发的"更高更快更强"的精神，就是体育的精神，而这种精神正是激活我们庸常生活的一剂解药，一种力量。看到乔丹重返赛场上时，我们的眼睛为之一亮，也让我们重新燃起新的梦想，随乔丹梅开三度而缤纷起异样的色彩，我们会对自己说，我们也可以活得更好些，做得更好些。

　　答案之二：是乔丹自己所说的，"我这样做出于对篮球的热爱，不为别的"。能够把一种东西上升为爱，就已经超越这种东西的本身，就像一般的感情有了爱就上升为爱情、普通的事物有了爱就上升为艺术一样，乔丹把篮球上升为至善至美的艺术。不为别的，还有什么比这样质朴的话，对于我们特别是对于现在的我们更为受用的呢？不为了眼前鼻子尖前一点可怜巴巴的浪声虚

名，更不为了金钱，而纯粹是为了对一种运动由衷的爱，这种对体育本质的回归，不是对我们一些运动员乃至我们所有的人所面临的拜金主义和犬儒主义侵蚀时的最好的一剂醒药吗？

在看乔丹重归赛场的日子里，乔丹给予我那么多的快乐与精彩的同时，也给予我那么多的启迪，他用他手中的篮球教会我关于坚韧、勤奋、尊重和目标、奇迹等许多人生的哲理之外，也告诉了我道德的魅力与人格的力量。

我庆幸我和乔丹曾经有过一面之缘，当然，是我坐在看台上，他在球场上，但毕竟亲眼看见他是怎样在球场上腾挪跳跃。那是1992年在巴塞罗那奥运会的篮球决赛的赛场上，他代表美国梦之队比赛。他像我的一个老朋友似的，总辉映在我难忘的印象里；他更像一面鲜艳的旗帜，永远飘扬在已经失去了韵脚的诗行里、大气污染的天空中和我们平凡琐碎的日子里。

也许，正因为如此，2003年4月17日在费城的赛场上乔丹真正要退役了，看到他伏在场地上亲吻着篮球场的地板时，看到他写的那封真情洋溢的告别信时，我真的非常感动。

他在信的开头这样动情地写道："亲爱的篮球，我第一次在我家的后院里见到你时只有12岁，现在已经28年了……"真的，只是听到开头的这样一句，我就禁不住鼻子发酸。他把篮球比喻成他青梅竹马的爱人，那真是痛彻心扉的告别。他说得对，不为别的，只为了对它的热爱。那是真正的爱，是深至骨髓的爱，不是小打小闹的爱，不是打情骂俏的爱，不是风花雪月的爱，不是移情别恋的爱，不是露水姻缘的爱，更不是物欲和情欲的爱。

依然是在这封告别信中，乔丹说："亲爱的篮球，你已经成为我生命的一部分，你是我的激情，我的动力，我的灵魂。"是的，这是他一生一世的爱。如果说是上天创造了乔丹这样绝无仅有的天才的话，那么，是乔丹赋予了篮球这样的爱，让篮球因如此的爱而富有了生命的力量与魅力，和我们一起从平淡无奇的日子里飞翔进我们共有的梦幻世界里。因此，我一直认为，其他的运动员可能会带给我们神奇，而乔丹带给我们的则是神话；其他的运动员是现实主义的，而乔丹则是浪漫主义的。

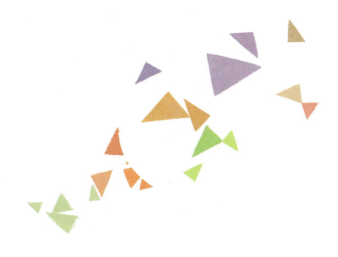

乔丹的另外一个故事

　　我确实非常敬佩乔丹。世界上体育明星多如夜空中的灿烂星辰，但是，我以为他们都无法和乔丹相比。我一直在想，真正的体育明星，不应是倏忽一闪的流星，除了技艺超群之外，总还有一些与我们普通球迷相通相融的东西才是。纵使他们有其他方面的弱点，人们也容易原谅他们，而牢牢记住了他们闪光的这一点，并且以这一点来鉴别、区别于一般炫耀一时的流星。

　　前些日子，在报上，我读到一则属于过去年代里的新闻：美国田径巨星卡尔·刘易斯收到来自澳大利亚墨尔本一位17岁患有癌症的谢帕德的一封信，竟热泪盈眶，并放下身旁一切事务，立即飞越太平洋到墨尔本看望素不相识的谢帕德。谢帕德不过是一位患有癌症的平凡的少年。

　　并不是所有的明星都能够这样做的。仅仅这样一件小事，我原谅了刘易斯傲慢等缺陷。

　　刘易斯的这个故事，让我想起了乔丹的一个故事。

　　或许是无独有偶，乔丹也曾与一位17岁的患病少年有过一段

乔丹跃起投篮

同样感人的交往，只不过这位17岁的少年是个姑娘，患有先天性脑瘫。姑娘是个NBA球迷，像如今年轻人崇拜邓肯一样，她崇拜乔丹。情人节这天，这位名叫卡门的少女，想送给乔丹一张情人卡。她在赛场能够接近公牛队的长椅后面等待许久，见乔丹走过来的时候，就不顾一切一边大声呼叫着乔丹的名字，一边拼命摇着轮椅挤上前去，终于把这张情人卡递到乔丹的手里。

她想做的就是这些，做完了，也就完了。她完成了一个球迷的心愿。没想到，没过多久，在一次汽车展览会上，她与乔丹再次相逢。远远地，她便看见了乔丹，她想乔丹是不会认出她这样毫不起眼的小姑娘的。谁知，乔丹也看见了她，便向她大步走来。起初，她不相信乔丹会向自己走过来，以为是走向另外一个他要见的人。可是，看着乔丹一直走到她的身边，然后弯下他那高高的身子，垂下头，伏在她的身边，告诉她那天接到她的情人卡后，曾在体育馆里找过她却没能找到。

然后，他问她有什么心愿需要他帮助吗？她想了想，几乎是语无伦次地对乔丹说，球票很难买到，她希望看到更多的NBA比

赛。乔丹听明白了，点点头，抚摸了一下她的头发，然后把自己的电话号码告诉了她，并对她亲切地说："只要你想看球赛，不论什么时候，就打这个电话！"

小姑娘有些不大相信，这对于她简直像是一个安徒生式的童话。她只是一个患有脑瘫坐在轮椅上的女孩子，她怎么也难以相信冬天冻僵的花朵，经过一双温暖而善良的手轻轻一摸，它立刻又绽开芬芳。

但是，她又实在想看球赛，看乔丹。她想试试，看看那个电话号码是不是属于那双灵验的手。于是，她让父母按照那个电话号码拨通了电话。她果然如愿以偿。不仅如此，第二个仲夏，她收到整个赛季一沓球票和一封乔丹亲自写给她的信。童话的花朵就真的这样绽放了。

我无法猜测当时小姑娘的心情，却能够想象得到，她梦中情人般的天王巨星给予她的温暖，会让她一辈子难以忘怀。

我见过一次乔丹。那是1992年在巴塞罗那奥运会上。我是作为一名特派的体育记者，去参访这一届奥运会的。那时，美国队组建成梦之队，第一次参加奥运会的篮球比赛。我也成了一个追星族，走进了篮球馆，看篮球决赛不是目的，我是奔着乔丹去的。那时候，可以说并不仅仅是我一个人这样，而是整个巴塞罗那城的球迷，连同来自世界各地的球迷，一样是来看乔丹和他的伙伴们的。乔丹未来之前，在巴塞罗那最繁华的兰布拉斯大街旁的主楼就悬挂着25米宽、40米长的乔丹巨幅画像。当乔丹第一次出现在巴塞罗那奥运会的新闻中心时，几乎被围得水泄不通。明星的威力，不仅仅表现在赛场上，是因为他们不仅仅在赛场上才是所谓明星。

因此，即便决赛的球票官价卖到180美元，黑市票价卖到400多美元，赛场外依然门庭若市，到处可见举着木牌、纸牌钓票的球迷。毕竟，能够看到乔丹和他的伙伴的人太少。人们不满足于仅仅仰头观看兰布拉斯大街上乔丹的巨像，而是千方百计寻找乔丹的踪影，寻找着接近乔丹的一切机会。

其实，那时候的比赛，乔丹出场并不多。但只要他一出场便能够立刻赢得满堂彩。那球在他的手里仿佛长上了眼睛和翅膀，像有了灵魂和心脏，无论传、切、溜底、扣篮……那球都出神入化，炉火纯青得仿佛真是一个美妙的可望而不可即的梦。

但我始终相信，人们不仅仅是要看乔丹的场上表演。他场外的表现是他出场的铺垫，是他人物生存的背景。那球，便也是他心灵物化的象征。因此，纵使当时梦之队其他球员表演上佳，却偏偏是他和另一位同他一样出场并不多的约翰逊，赢得观众的掌声最多。我想，这不是没有原因的。想来人心如秤、人眼如尺，一点不会假的。

只是当时西班牙派来的保卫，使得乔丹和他的伙伴一切活动都处于严密监护之下，几乎与世隔绝，使得梦寐以求一见乔丹的球迷们大多无可奈何。西班牙的球迷，几乎无一有那个坐轮椅的少女卡门的幸运，只好在一次次无奈中寻找着寄托，有些人花上25美元买一件印有乔丹头像的圆领衫穿上，弥补一下见不到乔丹的遗憾。

巴塞罗那的篮球决赛，成为整个奥运会的重头戏，特意安排在闭幕式之前。篮球决赛的第二天上午，我到街上买东西，见到一个西班牙小伙子。因为言语不通，我想从衣袋里掏出张纸来，在上面写字算账，希望明白双方的意思。谁想，没有掏出一张纸，却掏出昨天篮球决赛的球票。小伙子一看上面印有的篮球和日期，眼睛立刻一亮，脱口说了一句："乔丹！"别看他说的所有西班牙话我都没有听懂，这一句我却听得明明白白。他却以为我还没有听明白，又向我做了一个投篮的夸张动作。不用说，我碰见的是一个球迷，是同轮椅少女卡门一样崇拜乔丹的少年！

他从我手中拿过那张票，贴在身上比画了一番。我明白了他的意思，是想要这张票做个纪念。不用问，一定也是几天来寻找乔丹未果，同那些买件印有乔丹头像圆领衫的人一样，要下这张曾有乔丹参加过决赛的球票，作为一种补偿，一种念想。

我把票送给了他。

我不知道乔丹如果知道一位少年只是想要一张有他参赛的球票作为纪念，会作何等感想，但我知道并相信，如果这位小伙子突然如同卡门一样命运的话，乔丹一定会像对待卡门一样对待他的。

因为这是真正的明星区别于一般二三流明星或自以为是其实根本算不上明星的人的宝贵之处。

因为这正是人们寻找乔丹或曰寻找真正可称为明星的精神偶像的价值之处。

想起了"魔术师"约翰逊

　　如果问我在所有的体育比赛中最喜欢看的是哪一种比赛？我会毫不犹豫地回答：篮球比赛。

　　1992年的夏天，我作为《新体育》杂志的特派记者，第一次到巴塞罗那采访那一届的奥运会。我拿到了篮球比赛所有的入场券，看遍了所有场次的比赛，人生头一次看了这么多场的篮球比赛，过足了瘾。

　　那一届奥运会的篮球比赛，不同寻常，在于声名显赫的美国篮球组织了梦之队，第一次步入奥运会的赛场。乔丹、伯德、巴克利、约翰逊等NBA的名将都囊括在这支梦之队里，我可以尽情一览他们的风采。

　　在这些名将里，最令人瞩目的，也最让人揪心的，是约翰逊。

　　8个月前，即1991年的11月，"魔术师"约翰逊查出患有艾滋病，医生令他立即停止运动。妻子库基也反对他重返球场。然而，约翰逊宣布一定要来巴塞罗那参加奥运会。他把奥运会看得比生命还重要，因为作为一名篮球运动员，他知道，这将是他第

一次也是唯一一次参加奥运会的机会。这也是只有体育才能给他的人生如此悲壮的选择。尽管医生一再警告他："你这样做，无疑等于自杀！"他毫不动摇，说："宁可少活十年，也要去奥运会比赛！"他又说："我相信我能克服一切！我希望这样做可以把我当成一个治疗艾滋病的实验！"

约翰逊就这样带着艾滋病步入巴塞罗那。那一年，我亲眼见证了他受到空前热烈欢迎的盛况。

梦之队的首场比赛，是对安哥拉，吸引了众多球迷甚至可以说所有参加奥运会人的眼睛，其中许多人是冲这"魔术师"约翰逊去的。他此次带病比赛，引起人们的关注和敬重。尽管那场比赛他只上了十来分钟，但那十来分钟足以令人为他欢呼。他像我们京戏舞台上的一位带病演出的老演员，虽然不能再像以往一样演出全本的戏，只是演出了一段折子戏，但那不同凡响的出场，比精彩的唱腔还要令人荡气回肠。这便是体育比赛中难有的象征意义。这便是约翰逊出场的特殊意义。

以后每场比赛，约翰逊都会坚持到场，尽管上场仅打十几分钟，他照样赢得了全场热烈的欢呼。他打得如何精彩漂亮已不重要，他每次出场已成为一种向命运挑战、向人类大敌艾滋病蔑视的一种象征。因此，他得到当之无愧的掌声。

在观众席上，我看到甚至有观众竖起深情诚挚的标语牌："约翰逊，我爱你！"这同样也是一种象征，象征着人们对于体育燃起的运动员向命运抗争精神的钦佩与热爱。有谁能够如约翰逊一样，可以将生死置之度外，而将体育视若生命呢？这使我想

起那些抱着重病登上舞台的艺术大师，想
起那些死于钢琴或写字台旁的音乐家和文
学家，想起那些明知要牺牲也要奔赴炮火
纷飞战场的英雄……约翰逊难道不是体育
赛场上的英雄吗？尽管他以前曾有过许多
不当的行为和人性的弱点。

或许，体育能够给予以生命相许的运
动员最大的回报。我见约翰逊在场上飞奔
跳跃自如，一点儿没有病入膏肓的样子。

约翰逊在球场上

据说，他的T细胞已经回升许多。他这样对患有艾滋病的人说：
"抬起你们的头，你们能继续活下去！我代表着许多这样的人！"

赛前，他这样叙述自己初到巴塞罗那的感想："我终于来到
巴塞罗那，实现了参加奥运会的梦想。而且我的妻子和小儿子陪
我一起参加奥运会，这是第一次，也许是最后一次！我的身体没
有什么不良反应，每场能上场打将近20分钟就是证明。当然，我
还能打更长一些时间，但教练还要让其他队员有机会上场。奥运
会这块金牌是大家一起努力得到的。"

比赛间歇，他和妻子参观了巴塞罗那的一间幼儿园，并给每
个孩子送去了礼物。他要把人们给予他的那一片爱心，回报给这
个世界。他激动地说："我和妻子参观了一间幼儿园，给那里的
每个孩子都带去了玩具，因为人类的爱心是相通的。"

奥林匹克精神之一，就是要求那些有名的运动员给人们树立
良好的榜样。

你必须忍受失败带给你的痛苦

巴西世界杯结束了，德国队捧得了大力神杯。

幕落灯暗，曲终人散。美好而激动人心的事情逝去，总会让人伤感。

无疑，决赛中落败的阿根廷最为伤感，乃至伤心。绿茵场上，众目睽睽，除了梅西，所有队员都落泪了。事实上，梅西在领金球奖时神情落寞，奖杯不是大力神杯，上面落满的是伤感。他的禁区盘带，德国人对他防守太狠，没能形成单刀直入，机会像鲇鱼一样从脚下溜走，他没有把握住。

但我相信，冠军德国队一样也会有所伤感。起码，克洛泽会伤感，这从他在比赛最后被换下时和队员们挨个庄重击掌就可以看出。36岁的老将，肯定是最后一次参加世界杯了，纵使世界杯留给他很多难忘的回忆，却越是回忆难忘，越是让他心头伤感。因为毕竟要告别，告别足球，也告别青春。

体育的情感，与艺术的情感不尽相同。面对再美的一幅名画或一支名曲，你可能会感动得热泪盈眶，却不会见到如世界杯决

2014年巴西世界杯，德国队夺冠

赛后无论胜利者失败者还是阿根廷球迷们那样齐刷刷整体的泪水横飞。纵使是NBA或奥运会的赛场，也难看到这样壮观的场面。世界杯带给人们欢乐的同时，也带给人们伤感、泪水，乃至痛苦。世界杯放大却也聚焦了人类的情感。

正是基于这样的体育情感，在颁奖之前，当阿根廷队员走过身旁的时候，德国队列队为他们鼓掌。这不仅是对对手的尊重，也是对体育的理解。何况，在决赛中阿根廷表现得不错，踢得比想象中好，比之前的任何一场都要顽强而精彩。他们不是没有机会，只是错过了上天的眷顾。格策的那粒致命的进球中，包含实力，也包含命运，让他们那么不甘心情愿。

很多球迷对阿根廷队情有独钟，因为特别喜欢梅西。这个曾经患有侏儒症差点儿被球队抛弃的人，却用努力证明自己是个足球天才，曾经激起球迷那样多对他的崇拜和想象。这一次，阿根廷苦熬了113分钟却功亏一篑，梅西几次把球盘带进禁区，临门一脚却都踢飞了，你肯定特别为他伤心。

但是，世界杯上不仅只有阿根廷失败而如此伤心落泪。意大利、英格兰和西班牙队，早就在小组赛的阴沟里纷纷翻船，落得个灰头土脸提前打道回府；可能是最后一次参加世界杯的老将如皮尔洛、哈维、杰拉德、德罗巴、埃托奥等，烟消云散，黯然退场；带伤上阵志向远大的C罗泪洒绿茵场，他的女友为其悲伤得落寞在无人的街头。这些都只能算作世界杯的插曲，有些让人伤感，却谈不上残酷。

再看，智利走了，墨西哥走了，甚至人们最钟爱的艺术足

球的代表巴西也走了。积32年之仇，一腔热血，厉兵秣马，重出江湖，杀入世界杯淘汰赛的阿尔及利亚没有报仇成功，再次失利于德国这架老战车前。已经顽强坚持了118分钟，还剩下两分钟就可以打平加时赛的瑞士，最后被对方一次两秒钟的攻门而功亏一篑。你再为阿尔及利亚和瑞士扼腕长叹，再为命运不公而仰天长恨，又有何用？但是，世界杯的残酷之美，就体现在这里，任凭你有多少正当甚至正义的理由，有多少合情合理的甚至是合乎世道人心的不情愿，最后的结果板上钉钉，无法改变。失败的降临，就像突然一刀划破你的脸颊，鲜血如注；就像雷电击倒一棵大树，猝不及防。

其实，不仅足球，所有的体育比赛，都要面对这样失败的考验和挑战。体育比赛，是人生的放大和聚焦。体育比赛的胜利者最后只有一个，而其余的人或队，面对的都是失败。当然，失败了，还有下一次比赛，但对于世界杯和奥运会这样的比赛，即使还能够有机会，最快也得再苦苦等上4年。4年之后，等待着你的可能是梦想成真，也可能依旧是残酷的命运：让你继续泪洒疆场，一切的希望如肥皂泡在绿茵场瞬间破灭。

我想起那年北京奥运会，在鸟巢看刘翔的决赛。在奥运会之前，问起110米栏激烈的比赛，刘翔曾经以极其轻松的口吻说：那不过就是一场游戏嘛！虽然，奥运会英文Olympic Games，也可以翻译为游戏。但是，当刘翔揭下贴在大腿上的比赛号码，踮着痛楚的脚跟，退出比赛的时候，这样的游戏，无论对于刘翔，还是对于我们，都实在是太沉重了。当你在电视里看到刘翔一蹦一跳地痛苦离开赛场的时候，很多人非常伤心，甚至为刘翔流下了眼泪。

其实，这就是体育赋予我们的意义，我们必须要承受这一份沉重的代价，就像我们可以承受获得金牌的喜悦一样。运动场上是不相信眼泪的。

福祸难违，荣辱并在，体育比赛难以预料的意外性，必然带来致命的残酷性。福不择家，祸不索人，体育比赛一视同仁，并不会因为你是巨星大腕就可以网开一面。这既是体育的伦理，也是体育的哲理。因此，无论参加比赛的运动员，还是我们观看比赛的体育迷，在面对胜负两面中任何一面的突然降临时，要学会不以物喜，不以己悲，行到水穷处，坐看云起时。

当然，这样说，超脱是超脱了，却也容易将体育比赛的悲壮性化为禅意一样的超脱，随刘翔大腿上贴着的比赛号码一起脱下了。我们不是运动员，尤其不是职业运动员，我们不会了解其日复一日训练的单调、枯燥和艰辛，不会知道无论是那些成功者还是失败者，没有一个人不是伤病遍身，乃至伴随一生的。他们身上的伤痕，永远多于脖子上挂着的奖牌。

因此，刘翔退赛走出赛场的那一刻，鸟巢八万人虽是一片愕然之后的哑然，北京8月的阳光却依旧还是没心没肺的那样灿烂，我相信在很多人的眼前和心中，分明能够感受得到忽然而至的一片阴暗，但我们谁也不会理解刘翔内心的痛苦和所思所想的一切。往往就是这样，金牌的喜悦可以分享，而失败的痛楚，个人化属性极强，只能够独自嚼碎，咽进肚子里，如老牛反刍一样

咀嚼，化为有朝一日东山再起的营养。我打过一个比喻：金牌的成功喜悦，像是恋爱成功步入婚姻殿堂，办喜事的时候，大家是可以去庆贺的；但失败却像是失恋，只能自己抚平伤口，让伤口慢慢结痂。迎接他的，或者是就此结束体育生涯，独自痛饮失败的苦酒；或者是从此进行下一轮的刻苦训练，迎接新的考验。

体育比赛是如此，人生何尝不是如此呢？体育比赛，其实，就是我们人生的一面镜子。

我还想起了那年采访巴塞罗那奥运会，在赛场上看到布勃卡失败的全过程。要知道，布勃卡是世界最著名的撑竿跳运动员，是6.10米世界纪录的保持者。那天晚上，在田径场上，看布勃卡三次横竿未过，将撑竿插入竿筒准备将筒一起拿出场，遭到裁判拒绝的情景，心里真的替他难过。布勃尔三次失败后，一位胖胖的裁判走过来，告诉布勃卡这些竿筒会由工作人员统一运出场外，布勃卡碰到一枚软钉子，并未立刻退出场，他坐在地上，不停地喝矿泉水，看得出他的心情并不平静。冷酷的裁判毫无恻隐之心，再一次走到他的身边，不允许他滞留赛场太长时间，命令他必须马上离开赛场。当裁判领着他像领着一个犯错的小孩般离开赛场时，全场观众响起了嘘声。

我立刻赶出看台，跑到出口处的走廊中。按惯例，布勃卡要经过走廊到新闻中心，召开简短的新闻发布会。

说是不应以成败论英雄，大多观众的脸却常常如葵花只向着成功者旋转，不允许失败，哪怕仅仅一次失败。舆论有时也比观众成熟不了多少。布勃卡此次败北，几乎遭到一致的谴责，大多

布勃卡撑竿跳

责备他轻敌并且为赚钱只顾一厘米一厘米提高成绩，据说他每提
高一厘米就可以拿到2万美元。

　　或许6年前在莫斯科我曾经采访过他，一面之缘却留下良好
的印象。那时，他刚刚跃过6米大关。6年来，他将横竿高度提高
了整整10厘米。可以说，田径场上再无第二个人能与之比肩。说
赚钱，比他赚钱多的明星甚至尚不是明星的运动员有的是。刘易
斯扛着松下的摄像机、乔丹踩着耐克鞋做的广告，在巴塞罗那
比比皆是，那钱赚得完全"功夫在场外"。即使每提高1厘米赚
2万美元，布勃卡毕竟靠的是自己在田径场上挥洒的汗水，何罪
之有？

　　有谁能如布勃卡一样6年来时时让横竿高度不断上升？

　　如今，他失败了。

　　人们不允许他失败，只要求他依然成功。比赛，真是残酷
的；观众与舆论，有时翻手为云覆手为雨。这对布勃卡公平吗？

　　我期待着他能走到这里与他交谈，哪怕仅仅握一握手。

　　可是，没有。他违约了，没有开新闻发布会，随同一位警
察、一位裁判径直走出场外，没有拐到走廊这一边来。挤在走廊

中的记者有人情不自禁地高喊他的名字，他只将两只手臂伸将出来，向我们挥了挥手，远去了。

应该说，他不够大度，他应该如约开新闻发布会。6年来他只有成功，没有失败。如今，他惨败，连5.70米都没过，他便这样不辞而别，怎么也说不过去，难怪舆论界不饶他。

第二天晚上，布勃卡终于在电视上和大家见面了。他说他的脚有伤，每起跳一次都很疼。他还坦白地说此次比赛有些紧张，赛前他独自一人在一个清静而与外界隔绝的场地训练，教练将他起跳的每一步都安排得格外仔细具体，反倒让他愈发紧张……

我相信每位巨星都会有失败的时候，也都有其失败的道理。成功是辉煌的，失败是悲壮的。我这样看比赛。

我还记得巴西世界杯决赛之后，阿根廷的老将马斯切拉诺接受我们中国记者的采访时，对着电视镜头含泪说出的话："我们必须接受这一切。"听他这样讲，我理解他，同时，心头和他一样忽然也漾满伤感。是的，想想他们一刻也没有不在奋争努力，但命运甚至厄运就是这样残酷，在你奋争努力到最后精疲力竭的时候降临。而且，无奈的是，他或许和克洛泽一样，是最后一次参加世界杯了。曾经燃烧过的希望，就这样灰飞烟灭，让你没有了一点可以挽回的希望。

我们必须接受这一切！

是的，这就是面对失败必须持有的态度。

我曾经说过，足球的本质就属于悲剧，重要的原因，是因为最后的胜利只能由一次比赛的性质所决定的；那是因为为了最后的唯一一次的胜利，你要付出漫长的等待、煎熬和磨难的命运所决定的。落下的树叶，便再也无法如鸟一样重新飞上枝头，你只能忍受一脚定乾坤的结局。

我想起8年前的德国世界杯上，老马尔蒂尼曾经讲过的话："你必须忍受足球带给你的痛苦。"老马尔蒂尼的意思，和马斯切拉诺讲的一样。这就是世界杯留给我们最好的箴言——它比胜负、比冠军、比眼泪、比回忆，都重要。它让我们懂得如何面对足球，面对体育，也面对人生和命运。

带给儿子的生日礼物

采访从儿子谈起。

这是1986年夏天，在莫斯科，我第一次采访外国运动员，没想到第一次就遇上了一个大腕，就像一网下去，捞上来的就是一条蓝鲸。

谢尔盖·布勃卡，这位在苏联赢得最多体育观众的名将坐在我的对面，双手交叉在一起，面容显得平易而安详。瘦削的脸庞与肌肉发达的肩膀明显对比着，温和的目光和有力的手指有意对衬着。这一刻，他更像在莫斯科街头或地铁上常遇到的普通工人或外省来的农庄庄员。我们坐在莫斯科的俄罗斯饭店餐厅里。窗外，七月的阳光正明朗而温暖地照着，透过窗纱，柔和的光斑在他的脸庞上跳跃着。

没容我问话，他先自己讲道："今天，是我儿子一岁的生日。昨天的纪录是庆祝儿子生日的。"

他这个爽朗而别致的话题，引起我的浓厚兴趣。我想起昨晚他在友好运动会上的比赛。那时，他和现在完全两样。撑竿跳，是晚上10点在灯火通明的列宁体育场上开始比赛的。世界著名的撑竿跳运动员都云集在这里。这一晚，这里是整个比赛高潮所在地，吸引无数莫斯科体育迷的眼睛。10点，莫斯科的天刚微微擦黑。5.20米开始起跳，布勃卡穿着运动衣，坐在一旁没有动。一直到横竿落在5.70米时，他才站起来，练练助跑，一跃而过。只是，他仍未脱掉运动衣。一小时后，当横竿上升到5.85米时，场上只有他一个人。中间几次高度，他一直未跳。这时，他又是一跃而过。而且，他依然未脱运动衣，成竹在胸，颇有曾经沧海难为水的大将风度。他要将横竿升到6.01米。观众立刻沸腾了。一年前的7月13日，在巴黎田径大赛上，他创造了6米的世界纪录。此刻，他向他自己保持的世界纪录冲刺了。

这时候，他脱掉了外衣，只穿一件背心，使劲呼出几口长气，浑身像要爆炸，然后抿着嘴唇，眯缝着双眼，双手紧握长竿，刚刚起跑，金色的头发便随着富有弹性的步伐波浪般起伏。我发现，他很紧张。这一刻，似乎周围世界什么都不存在了，只剩下眼前强烈灯光下那高高的横竿。他手中的撑竿弯如弓、如虹，他的身体腾空而起，顺利地弹了过去，腾空高度起码还高出横竿20厘米。观众们欢呼起来。他在海绵垫上跳跃着，伸开双臂向观众致意。我看见他激动了，跳下来同他的教练和他的哥哥——也是著名的撑竿跳运动员，拥抱在一起了。

昨晚那壮丽辉煌的一刻，他是否想起了他的儿子？

我问他："你的儿子叫什么名字？"

"维克多。"

我又问他："哪一年结婚？你的妻子也是运动员吗？"

他依然用平静的语调告诉我："1984年结婚的。我的妻子莉蒂娅原来是一名运动员，现在同我一样，是基辅大学四年级的学生。"同时，他没有忘记告诉我，他最近成为一名苏共党员。然后，他以一种男子汉特有的柔情说："今晚，我就回多涅茨克去。"

多涅茨克位于乌克兰，距莫斯科800公里。晚间坐飞机，一个多小时便可以到家了。他的妻子和儿子将备好生日蛋糕，燃起红红的生日蜡烛，迎接他胜利归来。

"你的妻子和儿子昨晚在电视里看到你比赛的情景，一定很高兴吧？"我笑笑，说了这句多余的却是祝福的话。他笑笑，没有讲话。

我又笑着说："将来你的儿子一定也是撑竿跳运动员吧？"他点点头，幽默地答道："当然！如果他跳，他会成功的！"

我请他谈谈是什么时候开始喜欢这项运动的。在这期间，谁曾给过他帮助。

他告诉我他10岁开始练习撑竿跳。他的父母、哥哥、妻子都曾给过他帮助。但是，帮助最大的是他的教练彼得洛夫。从他10岁起，彼得洛夫就担任他的教练，一直到现在，12年了什么都教，包括最初的基本动作，直到现在向新的世界纪录冲击。是彼得洛夫帮助他成为世界上第一个跳过6米大关的人。他感谢彼得洛夫。

我说："你是世界优秀运动员。去年，我们中国《新体育》

杂志评选世界十名最佳运动员，你是其中之一。"

"谢谢！除了你们中国，世界还有许多国家也说我是全世界最好的运动员。我很高兴。一个运动员知道自己是全世界的优秀运动员，当然很高兴。"

他的话没有造作的谦虚，也没有我们听惯的"我还有很多不足"之类的客套，只有那发自内心的激动、成功之后兴奋心情的宣泄。他是目前世界上跳得最高的人，他理应兴奋、激动才是！

布勃卡为人质朴，没有世界冠军的架子。"不像有的运动员，拿了冠军，就……"苏联朋友耸耸肩膀，在我未采访布勃卡前就曾这样对我介绍过他。

正是由于布勃卡这一平易近人的优点，他才成为苏联最受欢迎的运动员。昨天，在他打破世界纪录之后，我曾亲眼看见那么多体育迷手持这次友好运动会的小册子，请他签名留念。那小册子的封面印着的正是他手持长竿准备起跳的彩色照片。

一个运动员，既有着优异的、令人叹为观止的成绩，又有着良好的、令人赞叹不已的品格，那才是青春光彩的凝聚，人生珠联璧合的完整。

"你既是一名优秀的运动员，又是一个很好的人。"我对他说，这话是真诚的。有的时候，有的人可以成为一个优秀的运动员，不见得能成为一个很好的人——大写的人。

他听了我的话，显得很动情，嘴唇微微颤抖几下，然后又以一种轻微的声音这样回答我："那是因为我的父母是好人。"接

着，他告诉我他的父亲是退役军人，母亲是医院里的护士。他的回答让我感动，让我想起中国古老的诗句："谁言寸草心，报得三春晖。"

这时候，一名波兰体育报记者插话问他："你不抽烟、不喝酒吗？"

他回答得很果断、坚决："不。"

"昨晚你打破纪录，没有喝一点儿吗？"这话有点挑衅。

"没有。"

这位波兰记者又问："有些运动员用兴奋剂，你用不用？"这话已经是明显的挑衅了。

"运动员没有信心和力量，才一定要用药。用药有时跳得高，有时跳得并不高。我不用。我用的是力量和技术。"布勃卡的声音渐高。显然，对这样的提问，他有些生气。不过，他的回答如同他的撑竿跳一样，是有水平的。

布勃卡讲得对，他依靠的是力量和技术。我知道，他平日的训练是刻苦的，我请他谈一谈在训练中都遇到过哪些困难。

他告诉我，最困难的是1979年，他和哥哥从伏洛希洛夫城到多涅茨克。那时，他正在上中学九年级，一边学习，一边训练，父母并没有同他住在一起，只有哥哥和他，要照料自己的生活，那是格外紧张的。生活、学习和训练，三者搅在一起，像三匹并不驯服的马拴在一起拉车，总也协调不起来。对于一个九年级的中学生，负担的确是重了些。他就是这样在艰苦中闯荡过来的。那一年，他还不满15岁。

再一次，是1981年后，他跳的成绩总在5.9米徘徊。他很苦恼，他想破6米大关。高高的横竿强烈吸引着他、诱惑着他，也磨炼着他。终于，一年前，他征服了它。昨晚，他又跳过6.01米。高度，随他的年龄一道增长。

　　采访结束了。我请布勃卡为我们中国的读者写几个字，他高兴地拿起笔。他的字像他撑竿跳的动作一样，很是潇洒、有力。他一边写，一边对我说："我很想到你们中国去，尤其感兴趣能到中国参加比赛。我很愿意知道你们中国人的生活，不是从报纸上，而是用自己的眼睛。"然后，我同他一起合影留念。这位还不到22岁的乌克兰小伙子，带着世界撑竿跳的最新成绩，今晚就要回家去拥抱他的妻子和儿子了。他给他的儿子维克多带去了最好的生日礼物。

　　我也想送给他儿子一件礼物。掏了半天衣袋，掏出一枚钥匙链。水晶一样的塑料里装着一只七星瓢虫，绿色斑点闪动着宝石一样的荧光，似乎可以呼之欲出。我没有料到他的世界纪录竟同他儿子的生日连在一起，没有准备好礼物，只好权且以此代之了。他接过这个小小的礼物，非常高兴，连道："斯巴希依勃！"（谢谢！）

　　他走了，迈着跳高运动员独特的、富有弹性和韵律的步伐。

　　谁知，不一会儿，我下楼刚刚走出俄罗斯饭店楼门，便看见了他。他正和伙伴们往汽车上扛运着长长的撑竿。他的撑竿重200多磅，又套上厚厚的皮套，100多公斤分量压在肩头，又是长长几米，格外不好抬。我见他吃力地走着，竭力寻找平衡，往窄

小的车门抬进去。这一刻，看不出他是一个世界冠军，而是一个普通的人。

我赶忙端起相机，摁动快门。我想把这张照片洗出来，送给他刚刚一岁的儿子，这是送给他最好的生日礼物吧！——哦，看吧，这就是你的父亲，世界上跳得最高的人！

晚饭的时候，我再一次遇见了布勃卡。他什么饭菜也没有吃，只是在盘中装了几粒黑樱桃，坐在餐厅一个安静的角落里，静静地吃。我没有打搅他。让他静静地咀嚼着自10岁起迄今12年运动生涯带给他的全部辛酸与欢乐吧！一会儿，他就要乘飞机回故乡多涅茨克了。短暂几天的全家团聚之后，7月13日，他又要飞往巴黎，参加每年一度的田径大赛。一年前，6米大关就是在那里攻破的。巴黎，留有他美好的回忆，也将升起他新的高度。这个人是幸福的。布勃卡不会让他的儿子失望！在他的儿子维克多2岁、3岁的时候，他会送给儿子新的生日礼物。我衷心祝福他们——布勃卡和小布勃卡……

回忆30多年前的这一切，既温馨又伤感。想想30多年过去了，过得多快，那时，我还不到40岁，而布勃卡是那么的年轻。算一算，如今的布勃卡已经50多岁了，他的儿子维克多也都30多岁了。而且，苏联早已解体，乌克兰独立了，如今他的故乡多涅茨克常战火纷飞。布勃卡从10岁练习撑竿跳，到他22岁跳过6米大关打破世界纪录，不过12年。那是多么宝贵的12年，特别是训练的头几年是哥哥和彼得洛夫对他的基础训练阶段，就是这几年的短短时间，奠定了一个人一生的基础。不管以后你的人生之路有多长，或有多短，其中成败或收获的多少，都取决于这几年。

永远的"伴娘"奥蒂

　　春节期间我到外地过年，回到家，翻看已经积成一大堆的报纸，忽然看见春节前夕2月3日报纸上有一张奥蒂正在甩臂奔跑的照片。照片不小，又是彩色的，很是醒目。照片下有两行字的说明："牙买加短跑皇后玛琳·奥蒂昨天在西班牙瓦伦西亚举行的国际室内田径比赛中，以7.15秒的成绩夺得60米跑冠军。"

　　照片中的奥蒂，穿着绿色的田径服，梳着披肩短发，一把发卡将头发绾在背后，露出宽宽的额头，紧闭双眼，张大嘴，急促呼吸在冲刺。除了一身常年被阳光晒得黝黑的皮肤光泽依旧没有变之外，整个人比以前显得有些瘦削，面容也显得有些苍老。

　　想想，奥蒂今年40岁整了。

　　作为一个女人，40岁是一个严酷的年龄；作为一个运动员，40岁是一道严峻考验的门槛；作为一个女运动员，40岁还能奔跑在赛场上，实在是一个奇迹。

　　我和奥蒂只有一面之缘。但和有些人的交往不在于时间的长

"祖母级"田径选手奥蒂

短或次数的多少，有时哪怕只有瞬间的一面之交，却印象深刻，正如只有10秒左右的百米比赛，许多时候会比马拉松长跑还要精彩且扣人心弦。

我和奥蒂的见面是在1992年的巴塞罗那奥运会上。那一天晚上我是专门看她的100米决赛去的。前两天的200米她只跑了第三名，我当然希望这一晚她能如愿夺魁。我知道她这人一直不顺。自20岁起开始漫长的田径生涯，她参加过5次奥运会，6次世界田径锦标赛，除了在哥德堡世界田径锦标赛上拿过一个200米冠军，而那个冠军还是因为事后发现冠军选手美国的托伦斯弯道时踩线被取消资格而转落在她的手中，她从未拿过百米金牌，她一直拿的都是亚军、第三名，或第五名。有人开玩笑说她永远做伴娘而难做新娘。

可惜，那天晚上的100米，她只拿了第五名，可以猜想到她心中的苦涩。看完她的比赛，我便也退席了，我根本没有想到能见到她。谁想下到看台外，在运动员区内，我突然看见她正在换衣服，虽然她是躲在角落里，低着头，谁也不理。隔着老远，我冲着她大叫一声："奥蒂！"她听见了，抬起头，我请她走过来，她竟那样顺从，向我走过来，一直走到隔离的栏杆前再无法走为止，没有一点明星的架子。

可以说，从那一次起，我对她的比赛就非常关心。那一年，她已经32岁了。32岁的女人，大多在爱巢里酥软了筋骨，即使爱

和家两者都不满意，也会在恨海爱潮中抛洒几把眼泪，让人小心翼翼地接着而湿润了香水罗帕。而32岁的奥蒂却已经在田径场上辛辛苦苦奔跑了12年，每一次都是以失败而告终，从未拿过一次真正意义上的金牌。但她始终不渝。在世界所有运动员中，能坚持到40岁还奔跑在赛场的，为数不多，甚至绝无仅有。因为在毒太阳底下奔跑，毕竟和在花前月下谈情说爱的滋味不一样。

去年，有消息说奥蒂服用了违禁药物被停止比赛，并被取消参加今年在悉尼举行的奥运会资格。当时，我实在不相信，因为奥蒂在我心目中的印象实在是太好了。现在，奥蒂又出来比赛了，是不是说明去年的消息错误，或说明已经为奥蒂洗白，她可以参加悉尼奥运会了？不管怎么说，奥蒂重又出现在田径场上，还是让我振奋。我为她感到高兴。

她今年已经40岁了，青春早已如鸟飞逝，机遇也不会如夏季的鲜花开过一朵还会摩肩接踵开出许多朵。与年轻运动员相比，她的年龄大了人家一倍。但她还是顽强地和人家站在了同一起跑线上。奥蒂这样的选择，是一种体育的哲学，更是一种生命的哲学。

我希望在报纸上看到她这次比赛的照片，能够是一朵今春吉祥的报春花。我希望在今年悉尼奥运会上能够看到她比赛的身影，看她如一道黑色的闪电、一头黑色的豹子、一匹黑色的绸子，在棕红色的跑道上掠过。

面对刘易斯

圆一个少年梦，也崇拜一次明星。临离开北京到巴塞罗那出门前的片刻，我从书柜中抽出了一本刘易斯的传记《不可思议的卡尔·刘易斯》。我想如果在巴塞罗那意外遇到刘易斯，请他在这本写他的书上签个名，这本书不更具有价值吗？尽管我知道这并不容易，他的经纪人控制他的露面次数，包括签名次数。

我将这本书塞在提包，刘易斯陪我一起上路。这本书在1984年洛杉矶奥运会刘易斯独揽四枚金牌后仅仅几天便问世。8年来，刘易斯成为国际体坛的一颗巨星、一株常青树。尽管他在6月美国田径选拔赛100米中落选，仅夺得一张跳远的奥运入场证，惹得舆论沸沸扬扬，对他的批评持续不断，但他依然魅力十足。只是人们包括我在内，对他能否在巴塞罗那雄风重振，尤其面对一年前曾在东京世界田径锦标赛中战胜过他的鲍威尔，画了一个疑虑重重的问号。

8月6日晚7点，刘易斯出现在我的面前。这一天，巴塞罗那有风，天气格外晴朗。他的出现赢得全场雷鸣般的掌声，似乎对

他的欢呼超过了西班牙国王卡洛斯。预赛时，他仅仅一跳便跳出8.68米，然后拿起衣服扬长而去。决赛时他排在中国选手黄庚之后起跳，又是仅仅一跳，跳出8.67米。此后，他的五次试跳均未更上一层楼，除两次犯规外，每次均在8.30米以上。

看刘易斯跳远很有意思。这一瞬间的巨星颇像孩子，体育比赛有着与人类原始孩童时代游戏时的某种相通与相似。他不时要瞥一瞥排在他后面起跳的鲍威尔，每次起跳前口中均要念念有词。鲍威尔也一样，只是口中声响更快更亮。不知道他们都念叨些什么，祈祷？咒骂？自励？掌声，往往在这一刻如雷乍起，翻滚在整座田径场。西班牙7点钟的太阳正烈，6万观众将汗水和欢呼一起泼洒向他们。

冠亚军被他们夺走。最后一跳，鲍威尔依然距刘易斯有3厘米之遥。一连三届奥运会跳远金牌，都被刘易斯摘走。不消说，刘易斯在巴塞罗那再次风头出尽。

他走出田径场，首先被田径场出口处守株待兔的美国电视台记者截住。一位高个子的男主持人和一位漂亮的女主持人满面春风地将话筒送到他的嘴前，仿佛将一支冰棒送到馋嘴孩子的口中。刘易斯无法拒绝他们的采访，十年前，他在休斯敦上大学，曾经格外崇拜著名电视节目主持人辛普森，梦想也能成为这样的一个人物。

我早早地来到新闻中心的新闻发布室，坐在第一排正中的位置，等候刘易斯，想听听他对今天的胜利有什么精彩评论。他是很会评论，也很爱评论的。这次来巴塞罗那，他为报纸写评述文

1988年汉城奥运会，在跳远比赛中腾空的刘易斯

章，曾被组委会批评，理由是根据奥林匹克宪章第五十九条款，比赛期间参赛队员不得为新闻媒体撰稿直接评述。

等了很久，刘易斯一人姗姗而来。我从提包中掏出那本传记，一个箭步跨出，想捷足先登请他签个名，被警卫面带微笑但毫不留情地阻拦住了。我体会到了请明星签名的艰难。

刘易斯落座中间，与我正好相对，我看得格外清晰。与在田径场上风姿飒爽相比，这时的刘易斯显得平静，如同风暴过后的海面。几百名世界各国记者把新闻发布室内外两屋挤得满满的。面对记者的提问，他从善如流，一口美式英语讲得极快，红唇白齿在一张黑色脸庞上跳跃，色彩对比非常明显。他的一双腿使他在田径场溢彩流光；此刻，他的一张嘴使他在这里风流倜傥。

他说："直截了当地讲，这次奥运会比赛，对我是非常艰难的。因为有去年创造世界纪录的鲍威尔，这对我当然不会轻松。"

他开始抱怨风，他说："那时候风也傻了一样，一会儿变一风向。等我开始起跑时，风好像也要创造世界纪录一样突然逆向加大……"他讲得很幽默，他说如果不是顶风0.7米/秒，他和鲍威尔可以跳出8.85米以上的成绩。

有人问他美国选拔赛100米落选后的情况。他说："我已经有了七枚奥运会金牌。因此，没入选100米对我并不重要，重要的是我入选跳远比赛，首次可以集中参加一项比赛，这对我是极有利的。"

话讲得很大度，其实他对6月选拔赛后的状况颇有微词。他说："6月我的作为在选拔赛上使有些人很不高兴。我不得不遭受不公平的批评。我被放在不同的位置上，我认为应该把我放在与其他任何人相同的位置上。"

应该说，6月对于刘易斯是个黯淡的日子。明星就应该光芒四射。一个32岁老明星的失利，很可能便是下坡路的开始。刘易斯被冷落，甚至广告商都开始另窥他人。他便这样从6月走到8月。他没有被失败击垮。

我想起刘易斯传记中曾经讲过的一个细节。比蒙于1968年在墨西哥奥运会上神奇一跳，创造了8.90米的世界纪录。刘易斯常在自家后院草地中量出8.90米，插上一个楔子，然后退回起点，向那个8.90米跳去，一次次跳，一次次离8.90米依然那么遥远，以致每天跳完后回屋都精疲力竭，右腿韧带拉伤，膝盖肿起网球般大的包。第二天，他拖着一瘸一拐的腿又出现在后院草地上，向那个8.90米跳去，那一年，他才11岁。12岁，他参加跳远比赛，却输掉了。回到家，他痛哭失声："我输够了！输够了！"父亲却笑着对他说："伙计，那么现在你唯一要做的事就是开始赢！"

今天，他终于再次赢了。他许多次都是这样战胜艰难而赢得胜利。世上明星光彩照人，光彩均是自艰难中磨砺而得，刘易斯概莫能外。正因为如此，许多体育迷原谅了他的傲慢，对他崇拜非常。我想起他这桩往事，便看到他此刻微笑后面的超人性格。他自豪地讲："今天，我赢了，赢了鲍威尔3厘米。"

鲍威尔出场了。

大家问他此次比赛的感受。鲍威尔有些神情忧郁地讲："我并不很满意今天的比赛。我本应该比刘易斯的8.67米跳得更好些。我最近身体不适，这些天很多人关心我，帮我治疗。最后一跳开始跳好，但已经太晚了。"

大家又问他比赛时口中常念念有词讲的是什么。他坦率地讲："我在骂刘易斯，以此来激励自己。"

刘易斯也讲："我也很紧张，嘴里也在骂他。这是心理战。"

大家都笑了。刘易斯和鲍威尔也笑了。望着刘易斯那眉峰抖动、嘴巴咧开的样子，我感到他的得意同时也感到他的坦诚。两位巨星此刻的谈吐颇像刚刚斗完嘴之后又和好如初的天真孩子。

新闻发布会时间够长的了。年轻的主持人宣布结束，刘易斯首先站起身，几名警卫和工作人员如电钮旋动的卡通人立刻从屋后钻出，围在刘易斯、鲍威尔前后，簇拥着他们离开会场。这时，记者也围拥过来，他们扑涛盖浪般挤成一团。警卫只好不顾一切地拨开人群，为刘易斯杀出一条缝隙。那一刻，刘易斯显得格外傲慢且得意扬扬。

我摸出提包中那本传记。每一个人都会有一个属于自己的少年梦。我想起自己的少年梦。似乎不那么甘心，便也如崇拜心

目中明星的年轻人一样挤将进去，不容分说挤到刘易斯面前。体育确实超乎寻常地激起人的一种狂热与激情。我将书递到他的面前，用英语讲了一句："这是你写的一本书！"他接过去，稍稍有些迟疑，却并不看手中的书，而是望着我。那黑白分明的眼睛，那一闪万幻的目光，与刚才他侃侃而谈和在田径场上叱咤风云时并不大一样。我不知他为什么会有这瞬间的变化，也不知他这一刻心中翻腾着什么。我想起作为一名将生命倾注在田径场上的运动员，目光永远不会停留在一本曾经写过自己的小书上，而如他11岁时那样，目光仍在草地8.90米的楔子上凝聚。

刘易斯几乎未看手中那本传记，拿起笔飞快地写下他的名字：卡尔。那名字正写在书中印着他照片的脸上。

累倒在地的瓦尔德内尔

人们一般都容易认同艺术是一种文化，而对体育则单见孔武之力，觉得没有文化的人照样可以为之。其实，体育和艺术，是人类创造出来丰富我们这个世界的双胞胎。没有文化气息的音乐会，哪怕是维也纳新年音乐会，同没有文化气质的体育世界冠军，并没有本质的区别。

1992年，在巴塞罗那奥运会上，我第一次见到瓦尔德内尔。那天，我走进巴塞罗那乒乓球馆。那里几年前还是一个旧火车站，巴塞罗那人很会翻旧为新，将其改造成为一个漂亮实用的赛馆。我走进乒乓球馆，在长长的走廊中看见坐在地上倚在墙边的一位运动员，我一眼便认出是瓦尔德内尔。走廊中的壁灯灯罩向上，灯光向上，光线显得柔和而浑淡。朦胧灯光中，我看见瓦尔德内尔闭着双眼，似乎睡着了。这几日，他一直过关斩将杀得不错。不久前，他刚战胜韩国的金泽洙，累得不轻。我很想叫醒他，毕竟是闯到我枪口下的采访时机，舍不得丢弃，却又实在不忍心叫醒他。他睡得挺香、挺安静。

就在这一瞬间，他睁开了双眼，见到我，其实他并不认识我，却立刻站起来。这举动，让我的心一动。因为我见过一些中国的运动员，名声并不比人家大，架子和脾气却比人家大。如果都是被记者宠坏的，人家瓦尔德内尔怎么没有被宠坏，而显得有教养呢?

我用简单的英语告诉他我来自中国，他说他最初学乒乓球时曾经到过中国，专门请中国教练帮他训练。他很随和，一副老成持重的样子。瓦尔德内尔在观众中很有人缘，不摆什么明星派头，我问什么，他都耐心回答。因为我英语说得拙劣，他得仔细听，辨别意思。而他说的英语我又有许多不明白，我请他写在我的本子上，他都一一照办了。我想和他合张影留念，他也十分愉快地答应了，并用瑞典话招过来一位运动员，替我们摁动了照相机的快门。在这一刹那，他亲热地搂住我的肩膀。一下子，我和他亲近了许多。

第二天他将和盖亭争夺男单冠军，我很想知道他此刻在想些什么。偏偏这时一群外国记者发现了瓦尔德内尔，蜂拥而至，将他团团包围，打断了我的采访。我只好说了句："祝你明天胜利!"他用英文非常郑重地说："非常感谢!"我掏出一枚印有中国字样的大红灯笼纪念章送给他，便拔腿挤出人群。没想到，他也挤出人群追上我，从他的挎包中摸了半天，摸出一枚瑞典纪念章回赠给我。

第二天，我专门去看他比赛。他3∶0战胜盖亭，赢得很轻松。战罢犹酣那激动的样子，他索性把运动衣脱掉，光着膀子欢呼，与昨天在走廊中见到他文静憨厚的样子，判若两人。那两种印象，均让我难忘。

所以，我说有文化的世界冠军和没文化的世界冠军，就是不一样。

瓦尔德内尔在比赛中

不一样之处，往往不表现在冠冕堂皇的答记者问，而在这看来并不起眼的小事上。

虽然他年龄大了些，黄金时节已过，但他厮杀在乒坛上的年头持久，可以说无人可以与之比肩。他曾经和我国的三代乒乓球运动员对峙，成为我们的头号对手。有他出场，比赛才好看。没有对手的比赛，该是多么的寂寞，尤其对于中国乒乓球而言，更是如此。

如今，他早已经退役，瑞典乒协希望他能够执教国家队，他却当"游击队长"当惯了，在北京开了一家酒吧，闲云野鹤，自在逍遥，淡出三山五界之外。

相信他的酒吧开得不错，什么时候到他的酒吧喝一杯去。

对手是实现梦想的另一只手

体育比赛中，有些场景，让人难忘。难忘的不仅是比赛的精彩激烈，或结果的出乎意外，有时候，却是比赛场外的表现。

北京奥运会的乒乓球男单半决赛，当王皓以4：2的比分赢下佩尔森的时候，中国乒乓球男队总教练刘国梁异常激动，以至泪水盈眶。其实，这不过是一场悬念不大的比赛。比王皓大了18岁的瑞典老将佩尔森，毕竟已是廉颇老矣，再好的球艺和手感、经验和心气，难敌青春的力量。

或许，刘国梁是为这块男单的金牌终于可以保住了，晚上的决赛在我们中国选手之间，怎么玩都无所谓了。四年前雅典奥运会，这块金牌就是丢在王皓之手。

或许，刘国梁同时也为佩尔森而感动或感慨？他还没有佩尔森大，却早已经离开比赛，坐在教练员席上，身体都明显发福了。而佩尔森却还在汗流沙场。

在赛场上，第一眼看见佩尔森，我的心微微一颤，真的是人生不相见，动如参与商，43岁的他已是一脸沧桑。欧洲人老得快，佩尔森脸上竟然都出现隐隐的皱纹。想起20年前在德国的多特蒙德举办的世乒赛上第一次见到他，那时候，他是多么的年轻英俊，风流倜傥。20年的时光，足以让一代人变老，让一代人长大。20年中，他曾经对阵我国几代乒乓球队员，而今，有的退役，有的经商，有的出仕，有的当教练，就连他的队友瓦尔德内尔都去开酒吧了，唯独他还在坚持打比赛（他的教练林德还在，不过已经鬓有白发了）。

　　这样的人，值得尊敬。因为不是什么人都能做到这一点的。对一项事业的坚持，尤其是对独属于青春的体育，在青春已逝的时候，还能够不畏年龄，不计利钝，直不辅曲，气不服输，对乒乓球一往情深，执着地坚持，如同古代的独行侠，始终坚持一剑在手，让枕上有书，樽中有酒，马上有风，利名皆醉远，日月为情长。实在令人钦佩。

　　如今中国乒乓球的辉煌倒是绝对的光芒万丈。不过比赛比到底，最后只是和自己本门的师傅或徒弟

佩尔森

我的体育散记

对打，这对于武林高手而言，却难说是真正意义上的打擂。这样的比赛精彩倒是精彩，却越来越不好看。缺少真正势均力敌的对手，一边倒的比赛能够好看到哪儿去呢？

我欣赏这样的一句话：对手是我们实现梦想的另一只手。

因此，我们要非常感谢佩尔森这样的对手。有他们如此长时间的存在，不惜用整个青春岁月陪我们几代运动员打，才让我们的乒乓球的水平长盛不衰，也才让比赛变得精彩好看。

虽然，在和王励勤的铜牌之争中，佩尔森依然败下阵来；虽然，我们拿到了最后一块男子单打的金牌，囊括了奥运会乒乓球比赛的全部金牌，并且囊括男女单打前三名；但是，我实在要感谢一直坚持到现在的43岁的佩尔森，并需要由此而思考，下一届奥运会，佩尔森肯定不会再参加了，不少和佩尔森一样年龄和水平的运动员也不参加了，除中国外，世界乒乓球的整体水平在下降。没有了对手的比赛，还有意思吗？还能够帮助我们实现梦想吗？

邂逅玄静和

　　那年10月，在日本广岛亚运会上，我和玄静和邂逅。

　　那一天晚上，我和中国乒乓球领队姚振绪，坐在乒乓球赛馆最高一排聊天。比赛要开始了，是中国女队和中国香港女队争团体冠军。我和姚振绪从看台上走下来，走进比赛场。比赛场四周围着一排呈阶梯状的座椅，是分别留给官员、贵宾、裁判人员和记者用的。我们走过最外层一排座椅，走得急匆匆，想赶快挤进前排看比赛。忽然，姚振绪对我说了句："玄静和也来了！"

　　我回过头一看，如果不是姚振绪说是玄静和，我几乎认不出来是她。玄静和身着一件褐绿色的西装外套，腿裹一条牛仔裤。牛仔裤倒是衬出她原来秀气而修长的腿，只是那外套颜色太暗，显得有些老气横秋。关键是她简直瘦了一圈，本来方方正正的脸，已经拉长，使颧骨显得突兀，原本挺拔的鼻子更显得高耸醒目。

　　我们走了过去，跟她打招呼。她和姚振绪很熟，与我也有过几面之交。借助简单的英语谈起天来，一下子，遥远的时空距

离都缩短了。想想，我上一次见到她是在巴塞罗那奥运会上，一晃，两年多时光过去了。

去年春天，我曾在《新体育》杂志上写过一篇《难忘玄静和》。文章发表之后，收到不少读者的来信，纷纷找我要她的照片。她在中国广有人缘，因为她球打得实在漂亮，人品和容貌也不错。一名运动员集这三者优点为一身，是很难得的。

姚振绪是我的老朋友，也曾读过这篇《难忘玄静和》，并向玄静和介绍。"难忘"二字，用英文如何说？我们俩商量了起来，用Never forget合适吗？后来，姚振绪一摆手对我说："写中文，她认识汉字！"说着，伏在桌上，写下了"难忘玄静和"几个中国方块字，"难"字写的是繁体字，韩国人认识的大多是繁体的中国字。

果然，玄静和认出来了，脸上绽开一朵甜甜的笑。那笑，我曾经熟悉。她以往几次也是这样甜甜地笑，微微的，像微风掠过青草地，荡起轻轻的涟漪。玄静和总是给人以温婉有致的感觉，俨然大家闺秀。其实，她出身贫寒，自她14岁父亲去世之后，一直是母亲拉扯着她和姐妹三人含辛茹苦度日。那时，母亲开一家简陋的日本面馆，她身上的一点一滴都有母亲的辛劳和期待的目光。可以说，正是因为她走的是这样一条艰苦的路，才使我对她格外难忘，也才使得中国的体育迷对她格外青睐。

她对我说，希望我能将这篇《难忘玄静和》的文章寄给她。我说没问题，回北京后就寄，并对她说起中国体育迷对她的感情。她听后连声说："谢谢！谢谢！"我说："好多人想要你的照片呢！你在中国，比焦志敏在你们韩国，还要有人缘，还要明星呢！"她望着我，微微笑着，不说话。

作为一名运动员，能得到球迷尤其是异国球迷的喜爱，是很开心的事情。特别是退役之后，一切昔日的光荣都成为历史，一切征战的身影都化为照片之后，人们还能长久地记起她，是值得慰藉的。因为并不是所有的运动员都能拥有这份慰藉的。普通球迷对体育明星的态度是极简单的，一种是铭记，一种是淡忘。

我问她怎么这样瘦，是不是身体不好。她摇摇头，说没有病，不知怎么搞的，一直就这样瘦。自从3月退役下来，更瘦了。

一个运动员离开了赛场，心情并不那么好受，就像一个水手离开了大海、一个骑手离开了草原一样，心中盛满着眷念和无奈。况且，玄静和还远不到非退役不可的年龄而离开了赛场，心情肯定更充满着无限的悲凉。想想玄静和也很不幸的，14岁丧父，17岁跟腱受伤，18岁肩受伤，20岁腰受伤；自此，伤病便如影相随，如石压身，让她最终不得不和球拍和墨绿色的球台告别。她曾经说过："退役之后，我至今还没找到离开球台的感觉，总还像以前大赛结束进入短暂的休整一样……"这很能说明她的心情。无论怎么说，球台融有她的青春和生命。

我问她现在在干什么。

她说一边在汉城大学读书，一边在一家化妆品公司的乒乓球队当教练。

她告诉我她是昨天从汉城赶来的。汉城到广岛每天都有班机，而且很近，只需飞行一小时的时间。她是想来给韩国女队助

威的。她以为韩国女队进入决赛应该是没什么问题的，没想到，昨天下午她赶到这里时，韩国女队已负于中国台北女队。说到这儿，她冲我苦笑，一脸散不尽的郁闷和无奈。虽说胜负对于运动员是常事，应该说是久经沧海难为水了，但忽然看到的是始料未及的败局，心里的滋味自然苦涩得很。她匆匆赶到这里，却一下子无事可做，心里空空荡荡了。

有时，体育就是这样残酷。它不仅让运动员的青春如水流逝，还要给运动员许多失败的沉重打击。当一个运动员回过头看待这一切的时候，才会明白并感悟到，这就是体育。其实，这也就是人生！应该说，玄静和是幸运的，虽然，体育与人生曾给予过她许多磨难，但也给予她许多成功和辉煌以及比这成功与辉煌更可贵更值得回味的心灵的慰藉，那就是球迷对她长久的、一往情深的爱戴。

所以，她说真的要感谢这些球迷！

我说："那就请你为中国的球迷写几句话吧！"

我们一时没有找到白纸，就把乒乓球比赛的秩序册封面撕了下来，用它的背面写。

她拿起笔，想了半天，迟迟未动笔。我不去催她，让她去想。她如今握着的不是熟悉的球拍，而是一支笔。如果说以往乒乓球拍曾向体育的天空倾诉感情；那么，如今笔同球拍一样，也是她倾诉这种感情的一种方式。

忽然，她抬起头问我："用英文写，还是用韩文写？"

我说："随你的便！"

她写了，用的是韩文。她的字写得十分秀气，也十分规矩，像个中学生写的作业。

我把她的题词带回北京，送给中国喜爱玄静和的朋友们。

她是这样写的：

非常感谢中国朋友喜爱我！

玄静和

1994.10.8广岛

她分别用韩文和中文写下自己的名字。她说得很实在，也很直爽。从这句简单的题词中可以看出，她就是这样一个人。这样朴实的人，是值得人们喜爱的！

临走时，我忽然想起应该送她一件小礼物。翻遍提包，找到一幅中国麦秸编织的画，画中是一个小小的圣诞老人，便又走回去送给了她。她打开麦秸画，十分高兴。我离开她走了老远，回过头看她还在兴致盎然地看着画。但愿这个小小的麦秸圣诞老人带给她好运气！

跑道上伟大的诗人

　　奥运会重要的比赛，观众最多的比赛，前半场在游泳，后半场在田径。两者之间，我更喜欢看田径比赛。

　　在古代奥运会，只有田径这样一个比赛项目。公元前776年，在古希腊阿尔菲奥斯河北岸，在宙斯神殿旁种满橄榄树的奥林匹克运动场，举行的第一届奥运会，只有田径或者说只有跑这样一个项目。因此，田径比赛是奥运会最古典也是最经典的项目。它是现代体育发展的源泉，是一切体育比赛的基础，是衡量一个国家一个民族体育水平和潜质的标尺。

　　田径比赛，之所以对我格外具有吸引力，在于它的公开性、公平性和公正性，在瞬间一目了然地完成。众目睽睽之下，须眉毕现，谁也别藏着掖着。零点零一秒，零点零一厘米，便可以判定胜负，谁也别玩猫腻，谁也别走私行贿，造假贩假，乃至倚仗关系，疏通门子，因此，便具有一切现实世界里无可比拟的魅力。

　　最难忘的是那年莫斯科友好运动会和巴塞罗那奥运会的田径场上，我看到了刘易斯、摩西、乔伊娜、布勃卡等一批当时的巨

2016年里约奥运会，博尔特（左一）参加田径男子百米半决赛

星。特别是不可一世的刘易斯，真的令人叹为观止，再也看不到那样多群星荟萃的精彩绝伦的田径比赛了。那是我观看体育比赛最难忘的经历，是值得骄傲的回忆。

如今，里约奥运会上，新一代如博尔特等巨星正在向我们走来，我们真的不要错过他们。田径场上的那种力与美、公正与真实、向人类自身也向现实挑战的那种庄严而美好的感觉，和在音乐厅、美术馆、博物馆的感觉不一样，和在咖啡馆、歌厅的感觉更是不可同日而语。

奥运会上，最惊心动魄的田径比赛，是塔当跑道上的竞赛。跑道上最惊心动魄的竞赛是短跑，在瞬间即可决定胜负，分秒必争，锱铢必较，一目了然。如果没有服用违禁药品，这里是绝对的公平和公正。不像有的比赛，比如体操或跳水，会有印象分；或如足球比赛，会有误判漏判；或如乒乓球比赛，会有擦边和滚网的侥幸。这里的零点零一秒，众目睽睽之下，都看得格外清楚；即便是眼睛都看不出来的抢跑，都会被毫不客气地罚出场外。

哪里会有这样的比赛？

哪里曾有这样的世界？

里约奥运会，最期盼的男子100米和400米的决赛在同一天。见证奇迹的我们和创造奇迹的运动员，出现在同一时空，这样的时刻，在奥运赛场上绝无仅有。范尼凯克以卓越的脚步，打破了

迈克·约翰逊保持了长达十五年之久的世界纪录；博尔特继续独步天下，蝉联了他这一项目不可撼动的霸主地位，赢得加特林一声不吭，赢得全场欢声雷动。

那一刻，我几乎忘记了他们是哪国人，他们创造的是人类共同的奇迹，我们虽然和他们素不相识，甚至根本不在场上，却和他们一样激动，和场上的人们一样兴奋。体育，在那一刻超越了民族和种族、肤色和地域，共同的成就、共同的超越，成为我们共同的欢呼，创造了我们共同的夜晚。这才是奥运会最大的魅力存在。

如果说博尔特的100米跑，是跑道上的绝句；那么，范尼凯克的400米跑，就是跑道上的律诗。在塔当跑道上，他们都是当今最伟大的诗人。只不过，他们和我们的诗人不一样，不是用手，而是用腿，还有身上的汗水和伤痕，以及挑战人类极限和自己的一颗伤痕累累却也晶莹剔透的心。

我想起在本届里约奥运会开幕式上巴西诗人卡洛斯·德鲁蒙德朗诵《花与恶心》里的诗句："钟楼上钟里肮脏的眼睛，不，全然公正的时间并未到来！"是的，全然公正的时间并未到来，但在那一刻，范尼凯克和博尔特跑到终点的那一刻，是公正的时间到来，它让我们坚信这样的时间是会到来的。这样的时刻，正是他们也是我们渴望并追求的时刻。这样的时刻，不属于戏剧、小说和散文，而只能属于诗！

怕也可以是一种力量

 　　体育比赛，我最喜欢看田径，尤其是短跑和跳高跳远，锱铢必较，在小数点后面些微差别之间定胜负，最见世界的残酷和人生的公平。

 　　此次北京田径世锦赛，男子100米和200米的冠军，都让牙买加人博尔特拿走，被禁赛四年的美国运动员加特林复出，憋着一口气，却只屈尊亚军。赛后，看央视记者采访，问到他为什么已经到了33岁，在这么多人的质疑中，还要憋着一口气参加比赛时，他说，因为我害怕，害怕这时候离开赛场，会让我的一生留下遗憾。加特林的话，让我心头一振。

 　　在我们一般人的词典里，怕，即使不是一个贬义词，也是多少有着负面意义的词。尽管在我们的生活和命运中，会有很多或深或浅的怕，像是杂草簇拥在我们周围。我们常要做的，是芟夷这些杂草，让怕从我们的心头剔除。因为，我们觉得这些大大小小的怕，会影响我们的生活，我们的精神，起码，会影响我们的情绪。所以，一般我们都会说，要战胜恐惧，摆脱惧怕。我们不

2010年8月3日，前男子百米纪录保持者加特林复出。这是他四年禁赛期满后参加的第一场比赛

会像加特林这样说怕，将这种潜伏在自己内心里的怕，说成自己坚持往前走的一种比赛的理由，一种人生的逻辑，一种心理的依托。

居然，把这种怕留在自己的心里。加特林没有把怕当成丛生的杂草，而是当成可以重放的花朵。

就像马蒂斯说黑色也是一种彩色一样，怕，居然也可以是一种力量，支撑着33岁的加特林在众人质疑的目光下，重新走向赛场，重振雄风。这不是一种轻松的选择，因为他要付出比年轻时候更大的代价，不仅是生理方面，还有心理方面，同时，更有来自博尔特强悍飓风的劲吹。博尔特在夺冠之后接受记者采访时说，他可以证明用干净的方法也能够夺得金牌。这话中有话，善于挑事的记者将博尔特的话告诉加特林，问他有什么想法。加特林说我只关注比赛。其实，这样的话，他已经听了很多。他早已经付出了四年禁赛的代价。他说，我是一个故事，我希望告诉人们一个完整的故事，有好的，也有不好的。我在成长。

我也曾经采访过一些世界有名的运动员，觉得加特林的表达真实平易。他说得很好，他在成长。在他成长的过程中，他吸取过好的和坏的不同的营养成分，如今，在他33岁的年纪，怕成为他最需要也最丰富的营养。有了这样的怕，他才选择了坚持，选择了挑战，他不想给自己的一生留下遗憾。这样来说，其实说明他的心里渴望重铸辉煌。他怕的是什么呢？仅仅是怕荣誉的失去？如果有这种怕的存在，因他的坚持可能导致挑战的最终失败，不仅让荣誉失去，更让所有的付出和自尊尽失。他一定考虑透彻了，作为运动员，他渴望成功，却不怕失败。他怕的是失去人生这样难逢的过程。他需要的是属于自己的一个完整的故事。

我们不是加特林，但是，我们每一个人都会拥有这样类似的人生过程。在渴望成功与面临失败的双重选择中，在曾经失败而不甘心又有些一朝遭蛇咬十年怕井绳的双重考验下，我们常常怕的不是与这样难逢的过程失之交臂，而往往是不敢走这样的过程。我们的怕，便没有成为一种力量，而成了丛生的杂草。我们的故事便虎头蛇尾。

我的体育散记

银色的心愿

　　世上的收藏真是千奇百怪、多种多样。有收藏邮票的，有收藏古币的，有收藏钟表、火花和字画的……专门收藏乒乓球的，我还是头一次看见。那玩意儿，圆圆的、白白的，千面一孔，既无邮票、火花色彩纷呈，也无古币、钟表古韵悠长，更无字画笔底波澜，有什么乐趣和学问？

　　德里恩先生就专门收藏乒乓球，而且有着长达20年的历史。

　　我是去年春天在德国北部一座小城与德里恩先生邂逅相遇的。说来完全是偶然，当时他在那里举办他收藏的乒乓球展览，一排长长的玻璃柜里整齐有序地摆放着一枚枚银色小球。他一头金发，个子颀长，正像虾米一样弯下腰，指着玻璃柜中的球，向两个德国少年兴致勃勃地讲解着，高耸的鼻头快要触到玻璃了。德国春日难得见到的阳光碎金子般在玻璃上跳跃着，闪动着他及他所拥有这众多银色小天使的影子。我很好奇，便也凑过去观看。

　　我们就这样相识了，交谈了。我知道他是荷兰人，今年39

岁，从小痴迷打乒乓球，梦想当个别尔切克或李富荣一样的冠军。无奈有心栽花花不成，战绩总是平平，一直窝在区区丙级队里。19岁那年，他决意另奔前程。告别之际，教练将自己平日积攒的十几枚不同牌号的乒乓球送给他。分手托相赠，平生一片心。他理解教练这一片情意。谁想到，这十几枚球竟像酵母一样，萌发着、膨胀着他收藏这些银球的愿望。这玩意儿并不像收藏邮票那么方便，除有各种协会组织，也有大部头斯科特等齐全目录，还有密如蛛网的邮购渠道。德里恩先生如燕子衔草啄泥筑巢一般苦苦收集，到1984年，他从19岁小伙子长到34岁的中年人，已经娶妻养子，十几年岁月悠悠过去，总共才收集到286种乒乓球。不过，他可以骄傲地讲他是全世界第一个收藏乒乓球的人。

引起他对我的兴趣，并能够如此兴冲冲地谈他自己的以往，是因为他听说我是一个中国人。他热情地拉我坐在他的办公桌旁，拍照留念，又拿出他印制的精美的乒乓球收藏目录。如今，他已经收藏了1552种乒乓球。这里有世界上最早的1905年生产的迪马牌和1910年生产的司拉格森牌乒乓球，也有来自大西洋不知名小岛生产的数量极少且罕见的乒乓球……德里恩如数家珍一样讲起这些乒乓球，他的眼光充满神采，仿佛在讲童话世界里一个神奇而迷人的小精灵。

"可是……"忽然，他一耸肩头，摊开双手，"可惜的是唯独没有中国生产的乒乓球！"准确地讲，他在欧洲曾辗转买到过中国的球，不过都是印有外文的外销球。他缺少中文的、专门在

中国国内使用的球。他觉得，那才是道地的中国球，才像是集邮中的原地实寄封一样珍贵！

"我很想收集到中国的乒乓球。中国是一个乒乓球的国度，我这里不能没有中国的球……"他讲得对。他收藏的这些乒乓球串起来，简直是一部乒乓球运动发展的历史。在这段历史中，中国起的作用举足轻重，怎么可以缺少中国的球呢？他告诉我，前两年听说中国乒乓球队到荷兰比赛，便特地驱车几百里赶到赛场，想要几枚道地的中国球。谁知中国队没有带自己的球。他好不遗憾，怅然良久，比赛未完，连夜开车回家。一路旅途显得格外漫长，满天星星似乎和他一样忧郁起来。

"我有一个最大的愿望，是能够到你们中国办我的展览，并且能够亲自到中国乒乓球厂参观。也许，这只是我的一个梦。现在，我不做那么远的梦，我只想能尽快得到中国生产的、印有中文的乒乓球！"他紧紧握住我的手这样说，说得极为坦诚、真切。那里有他对乒乓球和对中国的深深感情。异国他乡，听到这温馨的话语，很让我感动。

回国之后，我请朋友帮我找了几枚上海产的红双喜牌和广州产的双鱼牌乒乓球。我想满足德里恩先生的愿望不过是举手之劳的事，只要将球给他寄去便是了。谁知，乒乓球属易燃物品，邮局不准许邮寄。简单的事一下子变得复杂起来。我这才体味到德里恩先生收集到来自世界各地那一千多枚乒乓球是多么的不容易。春日一晗，他站在那一排玻璃柜前，洋洋洒洒一片银球，单单缺少中国的球，真真如万绿丛中缺了一点红。他那真诚的遗憾和渴望的神情，常浮现在我眼前。我觉得很对不住他，只好写信表示歉意。

半年多过去，彼此人生匆忙，音信杳然。本也是萍水相逢，我想他大概淡忘了此事，或者断了这个念头。一天，我忽然收到他寄自荷兰的来信。信中夹着两张六寸大的照片，一张是在德国他与我的合影，一张是他与他最近收藏的乒乓球的合影。乒乓球包围着他、簇拥着他，他宛若一朵硕大无比洁白如玉的玉莲花的花蕊，好不气派！他在信中告诉我如今已有1735种乒乓球了，他要向2000枚进发。信的末尾，他写道："我仍然希望能够得到中国生产的乒乓球。假如可能的话，请你帮助我！"

我想怎样才能了却他的心愿呢？最后，我冒昧给上海、广州两家乒乓球厂的厂长写信，将德里恩先生的一片深情告诉他们。我想他们知道后也会感动的。他们厂都出口乒乓球，会有办法给德里恩先生邮寄的。很快，我便收到上海乒乓球厂的回信，他们出口的都是大宗产品，由外贸部门统一运往国外，单独给德里恩先生邮寄，碰到与我同样的困难：邮局铁一样的规定。厂长信中讲等以后有人来北京，他会让人捎来他们厂生产的各种乒乓球，请我转给德里恩先生。球，又打回到我手里。我该怎样转到德里恩手里？小小乒乓球，竟一下子难圆德里恩先生多年未竟之梦。

我想这大概就是好事多磨。在德里恩先生乒乓球收藏史中，这一段起伏跌宕，使他对中国的感情愈发刻骨铭心。期待，往往使得感情加深，那银球便也会染上异样难忘而夺目的色彩。况且，这也绝非什么九天揽月之类的难事，办法总还是有的。以后，有人去荷兰便可以将球捎去，世界毕竟并不大。正巧，今年春天，我的一个学生要去荷兰留学。那么，德里恩的收藏中便一定会有道地中国生产、印有中文的乒乓球了。我写信告诉德里恩先生，请他等着，中国有句俗话，叫作好饭不怕晚。当然，我也等着，等着有朝一日他能到中国来举办他的乒乓球展览。

疯狂的腿

　　"疯狂的腿"，是麦迪逊市每年一度长跑比赛的名称。这个名称，格外吸引我，专程驱车去那里看比赛。

　　吸引我的原因，一是和我国的体育赛事一般冠以赞助企业名字不同，如今商业化对体育的侵蚀，已经成为国际化的问题；二是他们不仅淡化商业化，强调体育自身，还格外强调体育的趣味性，为长跑比赛起了这样一个另类的名字，在我们这里大概是无法通过的。为什么要叫"疯狂的腿"？长跑怎么可以疯狂呢？思维的定式，容易让我们恪守必也正名乎的古训，却宁可挂羊头卖狗肉，任其商业在体育比赛中肆意疯狂。

　　麦迪逊市是美国威斯康星州的州府，距离芝加哥驱车一个小时的路程。这里是一座大学城，著名的威斯康星大学就在这里。这里又是一座四面环湖的城，湖的面积大于城的面积，在这样的地方长跑，真有点儿李商隐诗里说的"城窄山将压，湖宽地共浮"的意思，无论跑在哪里，湖水都影子一样紧紧地跟随着你，为你扬波加油，和在别的地方长跑的感觉，绝对不同。

　　每年春末，这里都要举办一次"疯狂的腿"的长跑比赛，参加者有万人之多。这在我们那里算不上什么，我们每届北京马拉松长跑比赛，也都有万人之多。但我们那是国际马拉松比赛，选手来自世界各地，这里却是本地人参加，要知道麦迪逊市人口总共才几万呀。想到这一点，便也就多少明白了为什么要把比赛叫作"疯狂的腿"了，没有如此疯狂般的心劲，怎么可能平均每一家就会有一个甚至两个人出来比赛呢？

　　比赛的始点在州政府大厦前的广场上，比赛的距离是半个马拉松的长度。我们赶到那里的时候，离鸣枪的时间还早，没有想到，背后或胸前贴着号码的选手已经熙熙攘攘，人挤着人，几乎密不透风。看到选手中竟然有白发苍苍的老头老太太，我分外惊奇，忍不住上前打听，才知道不少老人一辈子以参加一次这样的长跑比赛甚至马拉松比赛为荣。因此，如麦迪逊市这样的长跑比赛，在许多城市都有举办，面向的就是包括老头老太太在内的普通人。美国人最喜欢跑步，在这里卖得最多的鞋子，是中国生产的运动鞋；即使再小的镇子上，道路的旁边也会专门辟出一条小径，供人们跑步。

　　这时候，才会让人体会到体育属于群众，而不仅属于辉煌庞大的奥运会或各种专业运动会。奥林匹克运动的宗旨之一，就是以品技兼优的运动员为榜样，以群众性参与为呼应，从而创造出为人们喜闻乐见的经典体育模式。这是一个民主得任何人都可以介入、平等得任何人都会欢迎、通俗得任何人都可以接受的方式。

2018年11月，纽约马拉松大赛现场

    面对这样由各色人等不同年龄组成的比赛人群，我第一次感到什么叫作群众体育运动。体育的意义，不仅仅是为造就少数明星，不仅仅是为了争夺金牌，哪怕那明星可以让我们赏心悦目，那金牌可以为国争光，但那不是体育的全部意义，体育的意义还在于为了包括所有人在内的群众。我想起现代奥林匹克运动的创始人顾拜旦先生，他早就提出过：人的身心协调和全面发展，建立完整而健康的现代人格，这才是奥林匹克主义的基本目标。体育应该达到这样让所有人全面发展的理想境界。

    这时候，发号枪响了，一片欢腾之中，那么多人跑了出去，浩浩荡荡，犹如汛期的桃花水。小城本来就不大，这一日，满城都是长跑的人和看长跑的人，以及骑着高头大马维持秩序的女警

察。灿烂阳光下，碧波粼粼的湖水，处处倒映着他们的身影。终点在市体育场，在一座小山坡上，那里，早已围满了欢迎的人群，包括选手的家属和朋友，还有踩着高跷挥舞着美国国旗的卡通人和眼巴巴等待着主人跑来的宠物狗。没有什么特别的奖品，但每一位参赛者的成绩，都会公布在第二天当地的报纸上。我们赶到终点的时候，几乎前一千名的选手都得胜回朝，其他选手也陆陆续续地跑了过来。看着他们慢慢地爬着坡，一双双腿已经疲惫不堪，但可以感受到曾经的疯狂和心里风卷长帆一样的激荡。

离开麦迪逊，在新泽西，在纽约，双休日的时候，看到很多人在跑步。特别是在中央公园，除了游客，大部分的人，无论男女老少，都在骑车或跑步。休息的时候，他们似乎不大愿意开车。而我们这里大多愿意开车出去兜风或聚餐。这个星期天，我到纽约，因为堵车，坐在大巴上无所事事，居高临下看大街上的人流，忽然发现起码有百分之七八十的人穿运动鞋，似乎个个都长着疯狂的腿。

辑 二

李娜的传奇

　　网球运动员李娜退役的消息，大概是最近整个体坛上最大的新闻了。记得在电视上看澳网比赛的转播，李娜和齐布尔科娃的决赛，看得激动万分。现在想起来，好像就在眼前。如今，体坛的兴奋点不多，李娜最后终于夺得冠军，赢得大满贯，无疑是最大的兴奋点了。登上领奖台，捧起奖杯，用流利的英语发言，妙语连珠的李娜，把这一兴奋点点燃得如节日里提前腾空而起的焰火，真的是令人兴奋不已。

　　中国体育如今能在世界体坛拿得出手的人物不多，继姚明和刘翔这两位曾经叱咤世界体坛的风云人物先后退役，本来指望在索契冬奥会能够出风头的王濛，又意外受伤，真的让体育迷们背气又无奈。在这样寒冷的冬季里，幸亏李娜在澳网英姿飒爽地出现，让我们呼出的再也不是一口凉气，而有了温暖动人的呵气如兰。

　　日子过得那么快，才仅仅不到一年的时间，曾经叱咤风云的李娜，说退役就退役了。尽管我知道作为运动员，吃的是青春饭，再伟大辉煌，终究会有退役的那一天，但听到李娜这个消息，还是有些失落，去年她那飒爽英姿驰骋在澳网上的情景，恍惚就在眼前。

作为一名运动员，李娜不仅创造了她个人的奇迹，也创造了中国网球的奇迹。应该说，这也是中国体育的奇迹。在澳网中，她每每都能够让我们扬眉吐气。但需要知道，让我们吐气的意义，不仅是她骄人的战绩，让她一身转战三千里，一剑曾当百万师，赢得了世界对她的尊重；更重要的意义，在于她已经成为中国体育新一代的巨星，这个巨星，既有奥林匹克运动所推崇的以品技兼优的运动员为榜样来召唤群众性参与的经典体育文化中偶像的意义，同时也有中国体育在时代转换变革之中价值系统所相应变化的象征意义。李娜的出现，确实和姚明、刘翔在体育迷心中的地位和价值不尽相同。

仅以新时期中国体育发展史为例，体育偶像在社会的位置与作用，一直是与时俱进，在随时代变化而变化之中的。在我看来，起码经历了这样三个阶段。

第一阶段，是改革开放初期。1984年，中国体育代表团参加了阔别多年的洛杉矶奥运会，以此中国体育重返奥运大家庭为始，紧接着以中国女排五连冠为高峰，郎平是那个时期的体育偶像。郎平所代表的体育偶像，其意义以爱国为主旨。无论是郎平铁榔头的形象和顽强拼搏的精神，还是她的所有言说，以及报道和报告文学，都是以这一主旨为轴心而转动辐射的。郎平和她的伙伴，被称为"中国姑娘"，是中国的形象代表。女排的教

2013年中国网球公开赛首日，李娜训练备战

练袁伟民，后来成为国家体委的官员，便是这样意义的一种行政转换。

　　这个时期，经历的时间最长。进入第二阶段，是21世纪到来的时候。这时候的代表人物，是姚明和刘翔。大家都非常喜欢他们两人，喜欢他们不再高调重弹为国争光，而是巧妙地以风趣幽默和生活化的方式，将其融汇并淡化在他们的言行当中，同时以更开阔的视野，将体育的内涵从爱国到奥林匹克精神，进行了更宽泛的拓宽和衔接。可以这样说，他们的出现，让人们觉得体育偶像更加亲近，同时让人们更加喜欢体育，甚至可以这样说，更加接近体育的本质。

第三阶段，代表人物则无疑是李娜。她虽然和姚明、刘翔的年龄相近，却划出另一个时代。随着姚明和刘翔先后退役，如今在中国体育的坐标中，以及中国体育在整个世界体育的位置上，李娜的作用，更是彰显得无人可以取代。网球和其他一些体育项目不一样之处，在于其职业化程度较高，而且，和一些集体项目也不一样之处，在于它是单兵作战。而以前我们国家的体育项目，几乎都是国家包办的，教练、队医、翻译，一大堆人包围着这些运动员，从头到脚伺候他们。他们就像永远长不大的孩子，除了比赛，几乎一无所知。因此，李娜的单飞，如同独行侠，和她的前辈以及现在的同行完全不同的训练和比赛模式，对她是一个多么大的挑战！

先不说李娜的成绩好坏，她以这样的方式出现，对于中国体育便有着划时代的意义，是对旧有的管理和训练模式的一种突破；对于运动员而言，是以"断奶"的方式被迫成长。因此，世界网坛上李娜的出现，特别是随着她成绩的卓越而越发张扬的个性，让她和前两类代表拉开了明显的距离。这距离产生的原因，并不仅仅囿于她的个性，更多则来自已经迅速变革的时代，让有些人一时难以接受，就像崔健唱的歌那样："不是我不明白，这世界变化快。"

同前辈运动员的培养与训练比赛模式不一样，李娜的出现，其实已经透露出这种变化的端倪。在这样的变化中，就像鲜花在

我的体育散记

温室里开得娇艳欲滴，却容易被人工改造得笔管条直；而沙漠中的花朵则恣意变化成了仙人掌的刺。李娜越来越不像以前的运动员那样听话，变得越来越刺头。尤其是面对中国媒体，她没有郎平、姚明和刘翔那样的好脾气。记得以前媒体对她采访时问她为谁打球，她说我只是一个网球运动员，我来这里不是为了我的国家。问她失败后想对球迷们说些什么，她反问难道我需要三拜九叩向他们道歉吗！李娜这样一番和郎平和姚明、刘翔完全不同的言论，曾经引起轩然大波。她一系列的"娜式金句"，呛坏了一些媒体与人们的思维模式，不习惯这样一个新时代的偶像，竟然是以这种姿态与言说方式横空出世。

其实，李娜的出现是必然的，不出现李娜，也会出现王娜。因为时代变化了，人们的价值系统变化了。体育不再只是作为政治的附属物来考量，而是更多地作为文化符号来考察了，体育文化的秩序被冲破，甚至被颠覆，都是必然之事。如果说中国女排唤起中国大众的爱国之情，是那个时代的必然；今天李娜的出现，则是将体育的神话重新书写为写实主义。她让曾经飞舞漫天的金光灿灿的蒲公英落地为草，她让体育脱去曾经披挂的霓裳羽衣穿上真正的运动服，她让嬉笑怒骂皆成体育。她以流利而幽默的英语，令人惊叹地抵抗着非体育对体育的侵犯与侵蚀，并以自己职业化的行动力求还原体育的本义。同时，也让体育迷接受一种新的体育偶像和体育文化。

李娜的退役，一下子让我想到很多。作为一名在体坛奋斗了整整15年的运动员，她经历了训练的艰苦，受伤的痛苦（她的双膝做过四次手术）和独自奋战的孤独，在失败与胜利之间徘徊的心理折磨，外界对她误读、不解，甚至责骂的悲伤与愤慨，是我们常人难以理解与经受的。她退役了，其实，对她是一种解脱；但对我们却是一种怀念；对中国体育，应该是一个总结自己的好时机。

李娜退役声明中最后有这样一段话：

无论你想成为网球运动员、医生、律师、老师，还是一个商人，我都希望你相信自己，追随自己的梦想，坚持到底。我能做到，你也可以。只要努力，最终一定会实现自己的梦想。

这段话，李娜说得语重心长，又那么平易近人。她说得真的是好："相信自己，追随自己的梦想，坚持到底。我能做到，你也可以。"梦想对于一个人是多么的重要；为了梦想而努力，又是多么的重要；在艰苦努力的过程中，咬牙坚持到底，更是多么的重要！这是李娜送给喜爱她的人们最好的人生箴言，尽管我们当中的绝大多数人，不会成为李娜一样的运动员，但如果我们做到这样关于梦想的三级跳，就能够成为和李娜一样对国家和人民有用的人。

郎平和一个时代

在我采访过的中国运动员中，郎平给我留下深刻的印象。她是一位佼佼者，可以毫不夸张地说，作为一名运动员，几乎无人可以与之匹敌。之所以这样说，是因为她个人的体育生涯伴随着我国新时期整个体育史。如果说郎平是一本书，那么，打开这本书，可以管中窥豹，看到自粉碎"四人帮"中国百废待兴之后迄今为止这四十余年一部跌宕起伏的体育简史。

1980年底，郎平20岁，我受《中国青年》杂志的委派，到新源里她家和体委训练局女排宿舍采访她，发现她和其他运动员有一点不同之处，就是爱读书。光她订的杂志就不下十种。她告诉我她爱读巴金、杨沫、宗璞的小说，也爱读大仲马的《基度山伯爵》和夏洛蒂·勃朗特的《简·爱》。她告诉我1976年唐山地震时，在北京青年队塑料布搭成的地震棚里，她还在看书，看得眼睛都近视了，现在视力只有0.6了。说到这里的时候，她冲我笑了起来。

那时候，郎平还只是中国女排初出茅庐的年轻姑娘。尽管这之后不久她第一次当选为全国十佳运动员，但毕竟不像以后那样人尽皆知。她告诉我一个笑话，有一次和孙晋芳一起出门，在公交车站等车，几个小伙子冲她们两人叫道：嘿，傻大个儿，过来呀，和哥们儿比比个儿！气得她俩冲他们喊道：谁像你们呀，跟土豆一般高！说完，她和我一起乐了起来。如今，谁不认识她郎平呢？还会冲她这样乱喊乱叫吗？

后来，我为《中国青年》杂志写了一篇报告文学《球，落地生花》，记录了20岁初出茅庐的郎平。她的运动生涯的开始，正好踩在中国开启改革开放的点上。可以说，她生正逢时。

四年之后，1984年洛杉矶奥运会，我国重返奥运大家庭，第一次在奥运会上亮相，其运动比赛含有无可比拟的政治意义，不仅寄托在运动员身上，也翻涌在全国人民的心中。郎平幸运地参加了这一届奥运会，而且和女排姑娘们一起在决赛中，以3：0的成绩干脆利落地完胜美国女排，实现了她们也是我们中国人的三连冠梦想，可谓扬眉吐气。正是国家改革开放伊始，万物复苏，百废待兴，郎平参与了拉开这个时代帷幕而成为世界瞩目的显赫人物。

体育正是那个时代崛起的一面镜子，是民族精神振奋的一种写照和激情的一种宣泄。所以，当时的中美女排决战，万人空巷，一家老少都围着电视机看，连大字不识的老太太都知道"短平快"，都会叫响郎平的外号"铁榔头"。当中国姑娘胜利归国的时候，万众欢腾，红旗漫卷。女排的那场胜利，对于我们是那样的重要，因为女排的拼搏成为那个时代的精神，鼓舞着各行各

业的人们；女排的成功，成为一种集体记忆，铭刻在历史的年轮里。郎平，成为一个时代英雄的名字，一个体育新时代最值得骄傲也是最醒目的象征。

1986年，26岁的郎平退役。退役之后，她结婚生女，到美国留学，尽管生活之路并不平坦，但她都很努力，并获得成绩。她独自品尝人生的种种况味，而将曾经的辉煌与美好的记忆，留给我们大家。

这之后九年的时间如水而逝。九年，淡出赛场与人们的视野，足可以让人彻底遗忘，很多曾经有名的运动员，就是这样被时间的水流冲淡了色彩，被无情地遗忘。郎平，之所以是郎平，就因为她不可能被遗忘。她的血液里，融化着体育的细胞；她的睡梦中，激荡着与体育割舍不去的情感。她不愿意归隐江湖，独钓寒江，而愿意做弄潮儿。1995年，郎平临危受命，担任中国女排的主教练。这是她人生角色的重要转换，从中国女排的运动员，成为中国女排的教练员。这九年之中，中国女排的运动员，有的出国，有的经商，有的升官，有的成为将军，只有她一人做到了这样不同凡响的转换。尽管伤病缠身，尽管生活跌宕，她始终都无法离开自13岁始就摸爬滚打的排球场。那一年，从美国飞抵首都机场，她受到前所未有的热烈欢迎，是郎平，也是几乎所有人都没有料到的盛况。郎平，中国体育一个从未被遗忘的名字。她的名字响亮，永远回荡着历史与时代的回声，是其他运动员难以比拟的，就因为她始终在场，在体育的现场叱咤风云。

在她的带领下，仅仅用了一年的工夫，1996年，在亚特兰大奥运会上，中国女排获得亚军。可以说，运动员和教练员做到这份上，是郎平体育与生命的巅峰，迄今在女排前国手中，无人可以企及。

之后，她只身一人闯荡意大利好长时间，又辗转回到美国，执教于美国女排。她开始率领美国女排打中国女排，作为主教练，她在2008年北京奥运会上，在自己的家门口，和中国队的主教练陈忠和对垒斗法，这不仅成为中国球迷和记者，也成为世界许多人关注的热门话题。一时间，郎平被推上舆论的浪尖。这段富于戏剧性的经历，更是中国女排前国手，不曾有过的传奇。

这一年，率领美国女排出征北京奥运会的郎平48岁。那一年，跟随中国女排出征洛杉矶奥运会战胜美国女排获得三连冠的郎平24岁。生命中的整整两轮光阴，让郎平出奇地从此岸站到彼岸。按照过去人们惯性的思维，是两军对垒，郎平站在了敌对的一面。不少人对此颇为不解，棋圣聂卫平对此更是颇有微词，但绝大多数人为郎平骄傲，也为中国骄傲。毕竟时代在前进，曾经以郎平为首的中国女排举国欢庆万人空巷，属于一个时代；转身一变，执教美国女排，对阵自己国家的女排，属于又一个时代。体育，是战争的袖珍版，又是和平的象征物。中国运动员教练员到世界各国当教练的有很多，并不独此郎平一人，只不过郎平名气更大，女排这个项目更为国人瞩目而已。实际上，郎平此举，善莫大焉，不仅促进了世界女子排球的发展，而且给我们带来了许多观赛的欢乐，让一部体育史变得那样丰富多彩。

　　记得当年有记者曾经问郎平：你带领的美国女排参加北京奥运会，和中国女排对阵，是一种什么样的感受？郎平回答得非常得体。对比我第一次采访她的时候，她确实成熟了许多。看得出常年国外的生活与学习，东西方文化的碰撞，她受益良多，不那么偏颇，不那么拘谨，也不是我们所想象的那种心里充满矛盾或痛苦。她说："带领美国队对抗中国队，一定会有不同的感受。从感情上，中国队是我的祖国的队伍，当然会很特别。但作为职业教练，我尽量不去想对手是中国队，只是我的一个对手，战胜对手是必要的，这是体育比赛，不是战争。"同时，她还说："我还是希望中国女排能够走在世界之巅。"只不过，她有自己对"世界之巅"的理解，她说："奥运会上有两个中国主教练，说明中国排球走向了世界，也展示了中国排球的魅力。"

2018年世界女排联赛江门站，中国对阵俄罗斯。中国女排主教练郎平在场边指导

事实上，人们对那一次中美女排大战的关注，和二十四年前的心情与心态已经大不一样，从爱国激情到国际友情的演进，从借助体育浇筑自己心中之块垒一般的宣泄，到尽情享受体育回归体育之本位，正体现了一个越来越有实力、越来越朝气蓬勃的中国的开放和包容的胸怀。我们对体育认知的提升，和我们国家自身的进步与发展是同步的。于是，女排不仅仅是历史中的一种精神和我们怀旧中的一种情感，更是中国在一个新时代焕发出的一种青春形象。郎平便不仅仅属于中国，也属于世界。

如今，水流回环，郎平又回国成为中国女排的主教练，以近60岁的年龄带领新一代的女排姑娘，步入体育的一个新时代。我不知道郎平心里作何感想，会不会想起四十年前曾经一样年轻时的自己。训练场和赛场像一个个旋转的魔盘，变幻着自己多彩的人生。流水带走光阴的故事，改变了一个人。

我常常会想起第一次采访郎平的情景。一晃，四十年的时间这么快就过去了。那时候的郎平，叠印着今日的郎平。郎平，踏进体育，从一个年轻的姑娘到霜染两鬓，贯穿中国改革开放整整四十年，让我们清晰地看到体育见证郎平的成长，更看到体育见证历史的进展。

刘翔两章

一

虽然已经过去了很多年，体育迷们依然清晰地记得，在北京奥运会之前，问起110米栏激烈的比赛，刘翔曾经以极其轻松的口吻说：那不过就是一场游戏嘛！虽然，奥运会英文Olympic Games，也可以翻译为游戏，但是，真正的比赛开始时，当刘翔揭下贴在大腿上的比赛号码，踮着痛楚的脚跟，走出塔当跑道，退出比赛的时候，这样的游戏，无论对于刘翔，还是对于我们，都实在是太沉重了。

也许，这就是体育赋予我们的意义，我们必须要承受这一份沉重的代价，就像我们可以承受金牌的喜悦一样。

体育比赛难以预料的意外性，必然带来致命的残酷性。因此，无论参加比赛的运动员，还是我们观看比赛的体育迷，都必须面对胜负两面中任何一面的突然降临，我们才能够真正看懂一些体育，看透一点人生。

值得庆幸和宽慰的是，我们即使难以深入理解刘翔那一刻的百感交集和痛彻骨髓的苦楚，但是，我们可以了解自己，那就是我们对于金牌的理解更为达观和宽容。比起以往，我们对体育的理解提高了许多。倒是二十年前，体操王子李宁兵败汉城奥运会，曾遭众骂的情景，令人羞愧。人们已经明白，刘翔的110米栏虽然曾经是奥运会的一个高潮，毕竟不是奥运会的全部；刘翔虽然是属于我们一个骄傲的音符，毕竟不是奥运会的整个乐章。

　　况且，我们观看比赛的心情与心态和以前已经大不一样。想当年，1984年我们第一次参加奥运会，女排在奥运会的一块金

刘翔在2011年田径世锦赛110米栏决赛中

牌，实现了她们的也是我们的三连冠的梦想，那一块金牌上承载着多少爱国激情、民族精神，以至让其超重。而跳高运动员朱建华仅仅因为没有拿到金牌只拿到铜牌，他上海的家的窗玻璃就被砸。如今，从借助体育浇自己心中之块垒一般的宣泄，到尽情享受体育回归体育之本位，不正体现了我们的开放和包容的胸怀，以及我们对体育认知的提升吗？不正体现我们国家和国民的发展和进步、成熟？不正体现我们所追求的奥林匹克精神吗？

刘翔说得对，那不过就是一场游戏嘛！我们没有必要让自己如丧考妣一般沉重，8月北京的天空，还是那样的阳光灿烂，那阳光属于我们，也属于刘翔，同样属于奥运会。

刘翔是一张pH试纸，测试了我们的承受能力及其他。

二

尽管奥运会每一枚金牌的意义是一样的，但我们必须承认，刘翔的那一枚110米栏的金牌，对于我们曾经是一种象征的符号，早已经不同寻常地明显超重。

刘翔退赛之后，教练孙海平在记者招待会上说明刘翔退赛的原因后补充说刘翔是在玩命。这与在奥运会之前，问起110米栏激烈的比赛，刘翔曾经以极其轻松的口吻说"那不过就是一场游戏嘛！"相比大相径庭。如果孙海平教练所说的是实情，应该引起我们反思的是什么原因，又是谁使刘翔完成了从游戏到玩命的转化？

　　奥林匹克精神里有更高更快更强，有挑战自我，不断进取，却从来没有玩命的字眼。比赛诚可贵，金牌价更高，比起生命来，两者皆可抛。我们在尊重刘翔退赛的选择的同时，应该从人性和奥林匹克精神的多维角度，反思我们的金牌文化。

　　虽然我们对刘翔和金牌的理解更为达观和宽容，但是，毋庸讳言，我们并没有使诸神归位，完成体育回归体育之本位，让刘翔真正实现游戏的夙愿，让我们更能够接近并实现奥林匹克的梦想。

　　刘翔是被我们一步步神化而身不由己。在刘翔的这枚金牌上，我们放大了其所能够承载的分量与意义，走的依然是女排和朱建华身上寄托我们民族情怀的老路，以致让刘翔再神勇无比的脚，也无法承受其重。

　　其实，刘翔的脚伤在雅典奥运会之前就已经出现，为什么在长达六七年的时间里没有引起足够的重视，尽早找到医治的方案而能够未雨绸缪？以致到此次比赛之前还盲目乐观没有察觉到问题的严重性？这说明我们的科研、训练与运动员的实际还存在着不尽科学的距离。或者说，我们对于运动、比赛以及运动员生命与生理的认知还有盲点，或被轻视。我们对于体育伦理的重视，明显弱化于对体育荣誉的重视程度。

　　至于商业因素赌注一般过多的投入，刘翔金牌的背后早已有品牌利益层层的浸入和包裹，据统计，此次刘翔的胜败商业价值就有十亿元之差。媒体那铺天盖地的广告和宣传，甚至连此次比赛的胸前运动号码1356，都寓意着13亿人56个民族的寄托，等于

把刘翔架在火上炙烤。如此最大价值无限频率所有波段地使用刘翔，即使这次不受伤，终会有一次受伤。从这一点意义讲，刘翔的脚伤，有我们每一个人的责任，因为炙烤刘翔的那簇越来越炽热的火焰中，曾经都有来自我们的那一份，尽管那一份曾经是何等的真诚。

有时候，超负荷的爱就是一种无形的伤害。诞生英雄而不懂得珍惜英雄、保护英雄，是我们的悲哀，或者说起码有值得我们检点自己反思自己之处。

姚明和后姚明时代

姚明对于中国篮球的贡献，无人可以匹敌。他让中国篮球变得好看，变得辉煌，变得令世界瞩目。几乎很长一段时间里，姚明成了中国篮球的代名词。

姚明代表中国篮球队比赛的时刻，基本形成了以姚明为核心的整体战略与战术风格。这应该是没错的，因为姚明摆在那里，他是中国篮球的中流砥柱。

自从北京奥运会之后，特别是姚明脚伤的现实摆在我们面前的时候，谁都会想到，姚明恐怕难以再披上战袍为中国队出征了。在没有姚明的时代，亦即后姚明时代，中国男篮的路该怎么走？早就应该未雨绸缪摆在我们的面前了。

有意思的是，姚明退役了，中国篮球的整体战略与战术风格，没有什么特别的变化，甚至没有根本性的调整，轻车熟路，还是坚持打大个儿，走的依然是没有姚明的姚明路线。只不过，用易建联的"易核心"，代替了姚明的"姚核心"。中国篮球的水平日渐下滑，便成为让人痛心的现实。

记得那年到天津看亚锦赛的决赛，中国对伊朗一战，看得让我失望。中国队打得风格尽失，进攻乏力，防守无策，外线受挫，对抗更是处于下风，锋芒全无，钝如老木。特别是篮板球完全失控，而上半场竟然一次罚球的机会都没有得到，徒有王治郅和易建联两个大个儿，在伊朗的高中锋面前束手无策，内线作用基本没有得到发挥。中国队已经被打得溃不成军，彻底失去水准、章法和自信，最后以大比分之差将冠军拱手相送，弄得那一次亚锦赛中国男篮失去了姚明又失去"易核心"之后，风格尽失，就像掉了魂儿一样找不着北。

中国男篮也曾经拥有过自己的风格的。在20世纪五六十年代，以杨伯镛、钱澄海、蔡集杰为首的中国队，依靠的都是一米八几的小个儿，却可以和欧洲队抗衡；在八九十年代，钱澄海当教练时带领中国男篮曾经称霸亚洲，也不是仰仗高个儿去力拔山兮。不知从什么时候开始，我们迷信大个儿，快速灵活多变的风格，渐渐消失或变得摇摆不定。我们开始如中国足球一样不大相信自己，而迷信外国的教练，在引进先进的篮球理念与篮球文化的同时，有些盲目相信欧洲打法，而没有敝帚自珍，挖掘属于我们自己的传统和风格，丧失掉杨伯镛、钱澄海、蔡集杰等前辈所开创的那个时代里许多宝贵的东西。

让人有些伤感的是，那一次亚锦赛中国对伊朗一役中，曾经是中国篮球快速反击，小个子突破分球，一条泥鳅搅动全池塘的鱼，从而打活全场的风格，或者说得分手段，竟然全都活灵活现地体现在伊朗队的身上，而我们则呆若木鸡，完全崩溃。这对于

姚明在NBA常规赛中

中国篮球真是莫大的讽刺。

在此之后，中国男篮所暴露出的软肋，越来越明显，越来越严重，给我们敲响了一次又一次的警钟。如果我们找不到一条后姚明时代新的方略，我们在日后的世界杯、奥运会上，实在是前途堪忧。

其实，从某种程度而言，后姚明时代的到来，对于中国男篮，也许不见得就是坏事。塞翁失马，焉知非福？我们的篮球，和我们的生活现实一样，一直梦想并崇尚盖世英雄，觉得有了英雄的存在，他就可以亮剑挺身，力拔山兮，就可以替我们闯荡江湖，除暴安良。长期以来，我们命悬一线，把希望和压力都寄托并押宝一样押在姚明一个人的身上，以为他就是最后帮我们点成豆腐的那一碗卤水。我们篮球文化的一元固守，致使多元的可能性被挡在门外，所有人都几乎成为陪衬，而姚明常常成为我们骄

傲的同时，也容易成为我们的包袱。在突然没有了姚明的情况下，我们更加容易有一种前不着村后不着店的感觉，处于一种尴尬的状态。

后姚明时代，失去姚明，恐怕一时也难以找到如姚明一样的选手，这让我们彻底断了念想和幻想，我们也许可以寻找到一条最适合中国男篮发展的道路。

后姚明时代，我们就应该调整我们的篮球策略和思路，首先不再迷信大个儿，不再一切围绕着大个儿来打，重新拾取中国篮球灵活多变、内外结合的传统，让速度重新提到面前，让易建联或新的大个儿，不仅仅是蛋糕上那一粒点缀的红樱桃，而是全队的一员，才可以多点开花，调动全队的积极性，形成属于自己独特风格的制胜法宝。

如今，众望所归，姚明已经当上了中国篮球协会的主席。这对于曾经辉煌的姚明而言，是荣誉，更是挑战。因为作为中国篮球的掌门人，他要面对并要解决这个后姚明时代中国篮球的新课题。这比他当运动员要难，却也是更有意义的挑战。

潘多和潘多拉

潘多去世了。

潘多这个名字，对于我们这一代人来说，是一个英雄的名字。一个女人，一个藏族农奴的孩子，一个登山的运动健将，这个名字里含有这样的三层意思，让潘多不同凡响且格外醒目。因为她是世界上第一个从险要的北坡登上珠穆朗玛峰的女性。这样的三层意思，不仅具有运动员本身的奥林匹克精神的意义和女性伟大创举的社会学意义，同时，还具有农奴翻身以一个崭新的形象屹立于世界巅峰的政治意义。

1975年5月27日下午两点半，当潘多和伙伴登顶珠峰，首先高举起一面五星红旗，然后竖立起一个三米高的金属架，这是国家测绘总局交下的任务，为的是准确测绘出珠峰准确的高度。是潘多他们将珠峰准确无误地测绘了出来：8848.13米。我知道了珠峰精确到小数点后两位数的准确高度，是潘多告诉我的，是潘多站在这个高度上告诉我的，是潘多站在这个世界最高的地方告诉我的。这个高度，就是当时潘多的高度，就是当时我们那一代人

的理想高度。将一代人的精神境界和理想追求，引领到这样一个世界所有人都要翘首仰望的高度，潘多确实是那个时代无人可以匹敌的英雄，是那个时代最富有号召力的旗帜。这个世界最高的雪山，是见证她的英雄事迹和历史奇迹的地方。

一个时代有一个时代的英雄。在资讯迅速飞转焦虑爆炸的时代，在明星八卦新闻和手机微信如蒲公英一样漫天飞舞的时代，潘多的逝世，对于不少新一代的年轻人，只是一条并不惹眼的新闻。潘多是谁？这似乎是一个陌生的名字。有些人甚至会分不清潘多和潘多拉的区别，或者只知道潘多拉，而不知道潘多。这并不奇怪，在一个鲁迅比不上周迅、冰心赶不上点心、巴金抵不上铂金的时代，在马克思早就预言过的"一切坚固的东西都烟消云散了，一切神圣的东西都被亵渎了"的时代，淡漠甚至遗忘一个过去时代的英雄，并不是什么惊人的事情。

我知道，并不是所有人都会这样淡漠和遗忘，但是毕竟新一代人中有不少人如此淡漠和遗忘，这是不争的现实。流水带走光阴的故事，改变了一代人。

其实，历史不过才过去了不到四十年的时间。不过，撂爪就忘，是人的一种本性，很多比潘多更重要的事情，都容易被淡漠和遗忘，更何况潘多？

人们的记忆是有选择性的，更容易记住和自己相关的事情，尤其是在一个物质主义的时代，虚无缥缈精神的东西，抵不上啃一只猪蹄子更香喷喷的实惠而得意。登山更是早被当作一种健身和旅游的项目。见证奇迹的时刻，已经从珠峰风雪弥漫的雪山，成功地转换到了电视中的魔术台上。潘多拉的魔盒神话，自然比潘多的登山往事，更会让一代人津津乐道。

或许，并不是只有我相信，已经离开我们的潘多，她的魂灵不会被收入潘多拉的魔盒之中，而是还会如长风飘荡在雪原高山和珠峰之上。她不在乎那个时代和今天所加封给她的封号，她也不在乎那个时代人们对于她的铭记和今天人们对于她的淡漠或遗忘，她更在意她的先辈给她起的名字，潘多这个藏语名字的汉语意思是"有用的人"。这样朴素的名字，是她留给今天的我们最有价值的生命喻义，是从上一个时代到今天最有意义的神谕一般精神转换的启示。

爱吃葡萄的小姑娘

前几天，我在从成都回北京的飞机上，忽然看见了高敏。日子过得可真快。想想我最后一次见到她，还是在1992年，那时，她22岁。算算，20多年过去了，她已经变成40多岁的中年妇女了。她的变化很大，我几乎没有认出她来，她变得消瘦，显得身材细长，仿佛个子比以前高了一截。

第一次见到她的时候，她还只是一个16岁的小姑娘。顽皮活泼的性格，让她像永远长不大的一个小娃娃。那时候，她说自己"爱疯、爱打、爱闹"，伙伴们开玩笑叫她"小疯子"。教练亲昵地叫她"小麻雀"。她一天到晚闲不着，像一个打足了气的小皮球，走到哪儿，蹦到哪儿，而且，还要叽叽喳喳叫到哪儿。她的确是一只生性开朗、活泼的"小麻雀"。

可是，一走上跳板，面对着一池碧蓝碧蓝的水面，她就像一下子长大了好几岁，俨然变成了另一个人。游泳馆拱形透明的屋顶，观众席上黑压压的人群，似乎都看不见了，周围世界的一切，都浓缩成眼前这跳板、这水面，近在咫尺，磁石般牢牢吸住了她，热浪般浸润着她，融化着她的身心。这一瞬间，她的笑，她的叫，她的野兔一样飞速疾跑的顽皮劲儿，都如同鸟儿一样飞逝……

那一年8月，她到西班牙参加第5届世界游泳锦标赛。16日下午2点40分，在马德里游泳中心的跳水馆里，她走上富有弹性的跳板时，就是这般模样：眉头微微皱起，嘴唇轻轻抿着，严肃得连同周围的世界似乎都紧张起来。当她双脚极富有韵律和力量地一弹，身体弹上空中，如春燕款款展翅，飞虹闪闪垂落，飘逸而轻快地溅起几星水花，钻入水中的时候，她赢得观众热烈的掌声和欢呼声，同时，赢得了女子跳板跳水有史以来的最高分。她以582.90分的优异成绩，技压群芳，夺得这个项目的世界冠军。这是她拿到的第一个世界冠军。

从水中钻出来，抖落一身晶莹的水珠，跳上地面，她又恢复了"庐山真面目"，开始又笑、又叫、又跳、又闹起来。那艰苦夺来的世界冠军的金牌，好像不过是系在姑娘发梢上的小蝴蝶结，那么轻易、又那么调皮地一甩，就甩在身后边去了。

她忽然觉得肚子空空，饿了起来。今天决赛，早餐只吃了一点儿牛奶、黄油、果酱和面包。对了，临离开餐桌前，又吃了一小块火腿。午饭一点儿也没吃，怕增加体重，影响了动作。刚才，一点儿也没觉得饿，现在，饿得要命哩。只是，才下午两点多，离晚饭时间还早，上哪儿吃东西呢？她看见了正向她走来祝贺她的记者，忽然冒出来这么一句："给我买点儿葡萄吃吧！"都是老朋友了，用不着客气。这一刻，她特别想吃葡萄。她从小

最爱吃的就是葡萄。

她给我最初的印象，就是这样一个姑娘——一个爱吃葡萄的小姑娘。

16岁这么小的年纪就拿下世界冠军，确实是一个非常聪明的运动员。但是，体育比赛，仅仅靠聪明是远远不够的。除了聪明，还要付出艰苦的训练才行，那种艰苦，是常人想象不出来的。

高敏从4岁开始参加跳水训练，到16岁拿到第一个世界冠军，这条艰苦的路走了整整12年。12年，不算长，却也并不算短。一个小姑娘，天天要面对高台泳池，荆棘多于鲜花，失败多于胜利。在她夺得金牌的背后，蕴含着的艰苦与痛苦，真的是鲜为人知，是我们无法想象的。

先来统计一下这几年中她受伤的情况——

1981年，膝盖受伤。

1982年，肘关节受伤。

1984年，耳膜穿孔。

1985年，由于水拍而吐血。

1986年3月，从10米高台上跳5237高难动作时，腰受伤，落入水中起不来，是一个教练和一个运动员跳下水，把她抱上来的……

一个16岁的小姑娘呀，如果在家中，大概还要和爸爸妈妈撒娇呢。金牌，就是这样夺得的。

当她被别人从水中救上来后，腰疼得很，她完全可以休息几天。可是，第二天，她又来到跳水馆参加训练。性格，再一次起了作用，如同杠杆支撑起她瘦弱的身躯，使她咬紧牙关，在体育和人生的交叉点上又往前迈了一步。这就是高敏，一个只有16岁的小姑娘呀！

她曾经对我讲过她自己认为最惨的一次失败——

那是1985年8月在郑州举行的全国青运会上，她名落孙山，跳板只得了个第七名，连个小六子都没挂上。而跳台干脆得个倒数第一。

当然，这并不是高敏的第一次失败。1984年，在武汉举行的全国跳水锦标赛上，她跳台只得了第十六名，跳板在第二十几名以后了。不过，那一次，她并没有像这一次这样难过。她觉得那时自己还小，才13岁嘛。这一次，不同了。她是第一次参加青年运动会，她感觉自己是大人了，怎么能不难受呢！

谈起这段伤心史时，我曾经这样问过高敏："当时，你哭了吧？"

"没有。"她矢口否认。

"你骗我吧？"

"骗你干吗！我真的没哭，不信你去问我们教练！"

你看，她反驳我的话和那样子，特别可爱。

然后，她又告诉我，不仅这次没哭，一个月后，在南昌参加全国锦标赛，跳板成绩仍不理想，又得了个第七名，她依然没哭。"比赛完后，上庐山我照玩不误！然后回重庆参加表演赛，观众照样给我鼓掌，对我特好，我感到……"她当着我的面说出这样的话时，你会觉得她有点儿没心没肺，但她就是这么个

小姑娘。失败，磨砺了她；失败以后，对成功更加渴望，更增加了信心。

当时，我还问过她这样一个问题："看有的报纸介绍，你对胜利充满信心，说过这样的话：'我一定赢！'……"

她摇摇头，回答我："我没敢说我一定赢，除非和业余体校比赛。"说完，她咯咯笑了。

"那你的自信心呢？"

"自信心当然是有的，但不一定要表现出来。我只能说我争取赢。"

我将了她一军："你这不是给自己留了条后路吗？"

她又摇摇头，颇为认真地回答我："如果我说我一定能赢，在比赛时我一定砸得噼里啪啦！"

望着她那副认真、专注的样子，与平常又说又笑又疯又闹的她，判若两人。当时，我深深感到，随着她跳水技艺的不断成熟，她自己也在逐渐成熟。面对挫折，渴望成功，她以乐观的态度和愿意付出艰苦努力的代价直面人生，这样的一个小姑娘，以后的路错不了。

事实证明，她以后的路确实走得不错，走得不错的原因，不仅仅是她是一个天才的跳水运动员，更是她吃得了苦，老想多练。她知道要想夺金牌，没有捷径，只有苦练。好些次，她最后一个离开训练馆，餐厅关门了，晚饭吃不上了，她没有一句怨言，只望着星星笑。

成绩，如同金字塔的塔尖，闪闪发光，却是一点点从底部积累起来的。那以后的几年，高敏先后出访了德国、苏联、墨西哥、古巴、美国、加拿大，捧回6枚金牌。这是她的黄金时节。

在成功中，她又看到不足。她明白，想要问鼎最后的胜利，除了刻苦，还需要不断进取的精神。在美国佛罗里达的一座海滨城市，风光格外迷人。"风光好，我的成绩却不好，跳405时特紧张，砸了锅，只得个第五名。"说起那场比赛，高敏不无惋惜地对我说。

佛罗里达跳水比赛，在室外进行，距海边只有20米，观众离得近，喊叫声响，风又大。高敏平日习惯室内比赛，一时不太适应，暴露出弱点，这次比赛冠军被美国老将梅根奈尔（1982年世界游泳锦标赛跳板跳水冠军）夺得。

"下次我非多赢她一点儿不可！"高敏那不服气的劲头，总会显得特别的可爱。我喜欢她的这种劲头，她暗暗使劲，更加刻苦训练，铆足劲，就等着8月马德里世界锦标赛快快来临。她把不断进取和刻苦两种精神拧成了一股绳，用在了她日常的训练中。一个人，如果具有这样两种精神，一定可以取得好成绩。

马德里8月温暖的风，紧紧拥抱着高敏，她付出了努力，她获得了成功。曾经有两位中国姑娘，使西班牙这座古城震惊。一位是栾菊杰，8年前，扬眉剑出鞘，带伤夺得女子花剑亚军。另一位便是高敏，以遥遥领先的比分，雄踞女子跳板跳水冠军的宝座。马德里为她欢腾。

那天比赛结束后，她一颗颗甜甜地吃完记者朋友特意为她买来的葡萄，便换下运动衣，穿上一身淡雅的连衣裙，坐在她下榻

的中北旅馆花园中的椅子上，拍下一张照片留念。

那一天，我采访她的时候，她对我讲述了马德里的比赛，同时找出了这张照片给我看。是个黄昏，橘黄色的晚霞四处飘散，她双手抱肩，一副沉思姿态，不知是思念着遥远的家乡，还是回味着刚才的比赛。这一刻，她稚气的面孔沉浸在晚霞中，照片中的她比站在跳板上的她，显得更动人。

那一天，她还告诉我这样一件事。第二天，她在花园中见到一位牵狗的老人。她显得格外高兴，客气地叫住老人，要借老人的狗用一下。她坐在绿茵茵的草地上，那条虽然陌生却亲近的狗匍匐在她的身旁，她让伙伴替自己和这条狗拍了一张合影。

我有些奇怪："为什么你非要和狗照张相呢？"

她睁大眼睛："我属狗的呀！"

噢，狗是她的吉祥物！我知道，她人小心大，是在默默地祈祷自己在明年世界杯赛和1988年奥运会上再夺金牌吗？

"这两年你的日子不好过。"

她奇怪地问我："为什么？"

"因为你冒了尖，成了众矢之的，必须更加刻苦训练才行。"

"我相信我不会差！"

那一年，她才16岁呀。

16岁小姑娘的心像一扇敞开的门，迎接着八面来风，也充满着对未来的新的憧憬。我心里真的为她感动，也为她祝福。

那时候，她刚刚从西班牙归来，就要匆匆忙忙赶回家乡四川。可惜，她光顾着忙，竟未能在北京吃到她最爱吃的葡萄。她

2008年6月2日，高敏出席琼川少年儿童
联谊晚会

的心思不在这儿，而是惦记着父母和弟弟，以及她的启蒙教练杨
强和刘继蓉。她还从国外给父亲带回两瓶法国葡萄酒。她到底也
没有忘记她爱吃的葡萄，她愿意把这胜利化为美酒，送给大家一
起品尝。

　　"可惜你没尝到北京的葡萄。北京的玫瑰香可是真不错！"
我替她感到惋惜。

　　"没关系！我到成都去吃。"她眨眨眼睛一笑，马上又说，
"只是不知道成都现在还有没有葡萄卖！"当时看着她说话的样
子，我心想，她到底还是一个小姑娘。

可是，作为一名跳水运动员，她所付出的艰苦，确实比一般同龄的小姑娘要多得多。西班牙比赛的6年之后，高敏参加了巴塞罗那奥运会。这是她的最后一次比赛。

6年过去了，高敏从一个小姑娘变成了大姑娘。她已经夺得过很多世界冠军，是一位身经百战的战将，几乎成为常胜将军。美国一家报纸曾经刊登过这样的评论："作为一名跳水运动员，和高敏同时代是一个悲哀。"赛前，普遍舆论认为中国其他金牌可以不拿，唯高敏这块势在必夺。压力，就这样压在她瘦削的肩头。她就这样走进巴塞罗那，不仅有压力，还有伤病，她的右肩带着老伤，左肩带着三角肌突发的新伤，手臂举不到位，靠打封闭走上跳板。

她就这样走上跳台。

她在心里对自己说：参加四年一度的奥运会不容易！洛加尼斯的头碰上了跳板也照样跳，米基金骨折了还跳……

高敏走上跳板，腿也在不住发抖。她对自己说：拉什科失误了，证明她意志力不够坚强，她才没有坚持住。我要坚持住！

她坚持住了。她跳了，而且跳得那么精彩，令人折服。最后一个动作得了73.950分，远远超过拉什科。她自豪地站在领奖台上。她哭了。

那一刻，我就站在巴塞罗那跳水台旁的看台上，专程看她的比赛，为她欢呼。西班牙8月炎热的阳光，洒在跳水赛场的每一个角落，水面上跳跃着碎金子一般的光芒，每一粒光芒都为高敏而闪烁。

事后，我问她那是一种什么样的心情。她说："站在领奖台上太幸福了！为了这一个奥运会，我付出太多了！1986年，我是在西班牙得到第一个世界冠军，这是我最后一次比赛，还是在西班牙。如果没有把五星红旗升起来，我太内疚了……"

我被她的这番话所感动，竟一时不知再问她什么好。

人们几乎都走尽了，跳水场静寂异常。那一刻，夕阳将金色的光泽涂满高敏的周身。

转眼，20多年过去了。人到中年的高敏，一切的辉煌，一切的伤痛，都淹没在回忆之中。能够拥有这样丰富回忆的人，是幸福的。

高敏和伏明霞

退役之后的高敏和伏明霞，走的是两条不同的路。

伏明霞嫁给了香港财政司前司长梁锦松，已经是一男一女两个孩子的妈妈，彻底淡出体坛。她现在正怀着第三个孩子，预产期是今年奥运前夕。她说生下孩子还可以赶得上看北京奥运会的开幕式。

而高敏则结婚后远赴美国求学，开始了她新的追梦生涯。去年，她写了一本自传，书名就叫《追梦》。只是，她在书中侧重于比赛和训练，基本滤去了生活和情感部分，将运动员的五彩斑斓化繁为简，让体育成为退下风帆的瘦骨嶙峋的桅杆。

我想起1992年的夏天，在巴塞罗那第25届奥运会上和高敏、伏明霞两人相遇的情景。那时，她们分别是中国跳水队年龄最大的和最小的运动员，看她们两人的比赛，心中泛起的感触截然不同。

伏明霞预赛、决赛一直遥遥领先，顺风顺水，几乎所向无敌，赢得金牌，如同探囊取物。而高敏却一波三折，在预赛中仅

伏明霞

排第三名，前面有当时还叫独联体的拉什科和德国的巴克斯，决赛一直犬牙交错。那时，我天天守在跳水的看台上，为高敏揪着心。

伏明霞与高敏在夺冠之后的答记者问特别的不同。伏明霞那时真的是天真可爱。记者问她："你父母是做什么的？"她答："不知道。"一连几问她什么都答不知道。最后问她："晚上会不会给你庆功？"她回答得更精彩："不知道，现在还没有到晚上。"

这个还显得孩子气十足，回答记者爱吃冰激凌同时又爱歌星麦当娜的小跳水运动员，颇受外国记者的青睐。英国报纸说她是迎风飘曳、头发如轻燕展翅、不知父母做什么的最年轻的世界冠军。奥运会尚未结束，美国《时代周刊》便已经将封面位置让给腾空于巴城上空的她，而把美国自己的跳水冠军伦奇以及打破游泳世界纪录的巴克曼，都屈尊夹在书页之中了。

同样的问题，高敏显得比伏明霞成熟而巧妙许多，高敏用英文回答她的父母与弟弟的情况，又用中文回答"你喜欢哪一位歌星？""歌星总是在不断换，我也跟着换，没有固定。""为什么你的表现总比别人好？""我相信种瓜得瓜，种豆得豆，我付出的比别人多，我一定比别人得到的多！""请形容一下你此刻夺冠的心情？""我现在的心情就像雨过天晴……"

说心里话，伏明霞夺得金牌，我为她高兴；高敏夺得金牌，

我的体育散记

我为她激动。伏明霞是一帧清新的速写，而高敏则是一幅浑厚的油画；伏明霞是一曲隽永的小品，而高敏则是一阕五味俱全的乐章；伏明霞是一首明快的童谣，高敏则是一段有些酸楚、沧桑而悠长的蒙古长调。

我忽然想起在高敏与拉什科竞赛期间，有记者为抢新闻已经将稿写好了，那稿写着高敏的失败宣布着高敏时代的结束。我同时想起美国报纸曾经刊登过的评论："作为一名跳水运动员，和高敏同时代是一个悲哀。"两种记者，两种结论。高敏用她的技术更用意志回答了他们。作为一名运动员，高敏创造了那个时代的奇迹！

高敏是1992年巴塞罗那奥运会结束之后退役的。那一年的年底，她挑选了自己获得的金牌中的一枚，拿到天津拍卖，起价20万元人民币，最后拍得77万元。她将其中的一部分捐出支持中国申奥，一部分捐给她的家乡四川体育学院，设立了"高敏奖学金"。她以这样特殊的举动，为自己的运动员生涯画上一个别开生面的句号。

然后，她毅然决然地远走他乡。

运动员退役之后出国的日子，并不都如我们想象的那般美好而顺畅。远离故乡和亲人的日子，内心受到的煎熬，生活受到的磨砺，东西方文化差异的撞击，一点儿不比当运动员的时候差。高敏经历了离婚和再婚的颠簸，经历了求学和执教的生涯，如今，她有了幸福的归宿，带着两个儿子，和丈夫生活在加拿大。用她自己的话说，仍然在追梦。她过得很充实，只是，她坚决不让自己的儿子学体育，重走自己的路，她不愿意看到儿子吃自己曾经吃过的那么多的苦。这时候的高敏，彻底的是一个母亲。

比较伏明霞和高敏对于北京奥运会的期待，能够感受到她们微妙的差异。伏明霞希望看开幕式，高敏则希望带着儿子看一场比赛。伏明霞已经超然度外，对体育采取欣赏的态度，高敏则仍心系激烈的比赛。

对于北京奥运会的跳水比赛，高敏这样预测：我觉得中国跳水队有拿到每一块金牌的实力，保守一点预测，我也坚信六块肯定没问题。这样的预测，也同样属于伏明霞。

这时候的高敏和伏明霞，都又回到了运动员的状态。

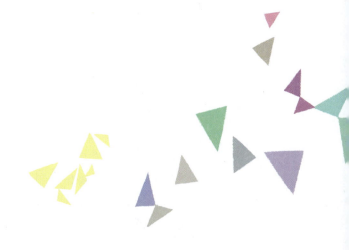

一池清水为她作证

泛娱乐化时代，体育理所当然也被归为娱乐领域，很多人关心的不再是体育比赛，不再是比赛中的明星，更关心的是明星的八卦新闻。曾经的跳水女皇郭晶晶，如今是香港的阔太，她的生活，她的行踪，乃至她的穿戴，如今都成为人们关注的焦点。

在我国运动员之中，大概还没有哪一个像她这样，尚未退役，就绯闻满天飞了。记得那时还有说她未婚怀孕，说她服用违禁药品，不一而足。

此外，在她21年的运动员生涯里，一身是伤，虽不能说是唯一的运动员，但如此多处受伤，也算是少数运动员之一：手断、脚折、腰伤，甚至眼睛还做过手术。如此情况，可谓内外交困，腹背受压。

而且，北京奥运会之后，她又参加了罗马世锦赛。那时，她已经28岁了。只要想一想，一个28岁的姑娘，从7岁开始练跳水，有长达21年的时间，不是在花前月下或商店酒吧或香闺小巢里度过，而是在艰苦的训练和长途跋涉的比赛中，甚至不少时候是在外人的飞短流长之中度过的，那该是一种什么样的心情？她自己却日复一日坚持单调枯燥且艰苦异常地一次次跳下水中，又一次次地钻出，将那一身的水珠和汗珠一次次擦干，又一次次地挂满，而那一切并不是姑娘们常常佩戴的珍珠项链啊。她的手腕上常常缠着绷带，可不是姑娘们一般爱戴的玉镯啊。

和那些年轻得轻舞飞扬的运动员相比，我隐隐地看到郭晶晶脸上已经显出明显而令人心痛的沧桑，岁月无情地在她生命中刻下痕迹。上两代跳水女皇高敏和伏明霞都是在22岁的时候，就选择了退役，她也完全可以选择退役，无论功名利禄，她真的什么也不缺。但她选择的是挑战自己。她在向跳水前辈洛加尼斯和萨乌丁学习，向30岁挺进，而洛加尼斯和萨乌丁毕竟是男运动员，她是一位女将呀。

郭晶晶，就这样在28岁"高龄"时走上了罗马世锦赛的3米跳板，实在令人钦佩。

她再一次以完美无缺的动作，在空中划过一道漂亮得令人叹为观止的弧线，然后是落入水中溅起一束小得不能再小的如心一样绽开的水花——创造了世锦赛前无古人的纪录，实现了她自己3米板五连冠的梦想。

郭晶晶以超过亚军40多分的成绩赢得对手心服口服。当第三名意大利的选手卡格诺托向正在淋浴的郭晶晶祝贺的那一刻，我在想，如果对手知道郭晶晶的背后还有那么多并非轻松的经历和压力，不知会不会更为心折而充满感喟的敬意？

当然，体育比赛本身就是苦意争春之事，没有压力是不可能

我的体育散记

2008年8月17日，郭晶晶在北京奥运会女子单人3米板跳水中获得金牌

　　的。只不过郭晶晶的压力半径过大，远远超出正常值的范围。我一直为郭晶晶感到不平，恨那些将体育纳入娱乐至死的好事之徒。但是，看郭晶晶站在3米板的那一刻，她微微眯缝着眼睛，是那样的气定神闲，心如止水。我真的佩服她，这真的是大将风度。如此不为言怯，不为势趋，守己在心，正身俟时，终于等到了这一刻，让面前的这一池清水为自己作证。这一刻，仿佛过去的荣辱，都化为云烟，融入水中。她的眼前只有蔚蓝而透明的水，如同她此刻的心。

同有些运动员不尽相同，甚至和同为跳水运动员的高敏和伏明霞也不尽相同，作为郭晶晶，她要面对流言、伤病和年龄这样三重压力，却依然选择向这三重压力挑战。实际上，这种挑战也是挑战自己。

　　并不是什么人都敢于挑战自己，也敢于挑战面对自己强悍的客观世界的。范蠡乘舟，退隐江湖，功成名就之后，急流勇退，自然是人生的也是体育的一种态度；廉颇不老，执着疆场，花好月圆之后，激流勇进，同样也是人生和体育的一种态度，而且是更为值得尊敬的境界。前者，我们可以称之为功臣；后者，我们则要赞美为英雄。因为长闲有酒，一溪风月共清明，固然是一种不错的诱惑；老去情怀，犹作天涯万里梦，却是他们更执意的追求。因为他们不可为而为之，在向自己挑战，向极限挑战，向更高更快更强进军，而这正是体育的魅力，是奥林匹克的精神。

　　面前曾经伴随她20多年的那一池清水，是郭晶晶体育生涯与人生的一面镜子，也是我们自己的一面镜子，尽管我们没有属于自己的体育生涯，却和郭晶晶一样，有属于我们自己的人生，和人生中所面临的种种挑战。

黑暗中的舞者

　　我常常会想起一名运动员。他不是一般的运动员，是一名残疾运动员。他的名字叫李端，也许，这个名字对于体育迷来说，有些陌生。但是，我要提及另一个名字，大家就不会陌生了，那便是王治郅。当年，李端和王治郅一起在中国青年篮球队打球，王治郅是他的队友。那一年，李端才18岁。那时候，他是多么的青春年少，多么的前程远大，谁能够保证他不是日后另一个王治郅呢？

　　但是，有时候命运真的是不可预料的，是极其残酷的，常常在瞬间改变一个人的生命和生活的轨迹。如果不是18年前一次偶然到锅炉房打水，不是在不经意间挪动了一下那个破旧的灭火器，也许就不会有那次灭火器的突然爆炸，李端也就不会一下子双目失明。

　　双目失明啊，一下子，曾经可以看到的五彩缤纷的世界，都消失在一片黑暗之中了。那会是一种什么样的心情？

　　面对这突如其来的灾难和骤然逆转的命运，我们不少人会悲观长叹，诅咒命运的不公和无常，以及在自己的心里砸姜磨蒜一般慨叹，自己怎么就这么倒霉，这灾难偏偏落在自己的头上？然而，李端没有这样，周围世界一片黑暗，他的心里并未失去光明。他没有悲观丧气，而是开始摸索、习惯并熟知这个黑暗的世界。他还活着，眼睛看不见了，心还可以感知一切。他必须还得往前走，将人生的路走出来。

我们有好多人对运动员不大理解，总认为他们是四肢发达，头脑简单。其实，常年刻苦单调大运动量的训练，独自面对激烈而残酷比赛成败的一次次的磨炼，运动员面对失败和挫折的抗击打能力，要远远胜过我们一般人。

他开始学习盲人按摩，然后又进行了跳远的训练，他还是不忍离开体育。眼睛看不见了，无法投篮，但使劲儿往远了跳总可以吧？只要踏上跳板就行了，只要量好步子，不跳出跳板就可以了。在一次次的摸索中，他终于在跑道和沙坑中找到了属于他的新天地。他无法和王治郅一样在篮球场上飞身扣篮了，但他可以在田径场上腾空跳跃，让自己如一只展翅的大鸟一样，在黑暗的天空中划过一道闪亮夺目的弧线，如同一道七彩的虹。这时候，他以腾挪跳跃的身姿，向世界证明他是黑暗中的舞者和强者。

他自己说：他喜欢这样的一段话，战士可以受伤，受伤的战士还是战士；军人可以倒下，但军人的意志不可以被打垮；即使眼睛看不到色彩，也要让生命五光十色。

我为他这番带有诗意和哲理的文绉绉的话感动，因为并不是每一个人在面对命运的不公甚至残酷的折磨时，都能够说出这样

的话来的。

这是他的座右铭，是他的信念，是他战胜黑暗而让心里充满光明的理论基础。这便也是他强于我们一般人的心理因素和思想境界。

所以，他用了在黑暗中努力摸索的12年时间，终于以13米71的优异成绩夺得了北京残奥会F11级的三级跳的冠军，并打破了世界纪录。他创造了他人生的奇迹，便也就不奇怪了。可以看出，一个人的精神和意志，有时候是多么的重要，会起到多么大的作用，可以让一个人具有多么大的力量，在没有视力的情况下看到光明，在没有翅膀的情况下飞翔天空。

他飞身跃起的那一刻，我想起了命运。命运曾经对他是那样的残酷和不公，但他却在和命运顽强搏斗中成为胜者。他没有告诉我们这黑暗漫长的12年是如何艰苦度过的，但我们可以想象，这12年绝对不是天天花好月圆，处处阳光灿烂。他把命运的磨难当成新生活的一份特殊营养，他把12年日复一日的风风雨雨当成自己必不可少的伙伴，他把过去属于光明的回忆当成如今黑暗世界的背景，他踏在今天的踏板上，不是为了跳跃回昨天，而是要腾飞进明天。

这一刻，我相信，他的眼前一定是阳光灿烂的。

没错，赛后他自己说：在最后一跳的时候，他的眼前出现这样的情景，他仿佛看见了迈克尔·乔丹在篮球场上的致命绝杀。他的心中盛满光明，眼前才会呈现如此美妙而奇特的情景。

他的这番话让我感动，也让我有些奇怪。在三级跳远的赛

2008年9月15日，李端在北京残奥会男子跳远F11级决赛中成功卫冕

场上，踏在跳板上，跃进沙坑里，他没有想我国的三级跳名将邹振先，三级跳美国名将卡尔·刘易斯，或曾经整整保持了十年残疾人三级跳世界纪录的西班牙名将诺尔古拉慈，偏偏他想的是迈克尔·乔丹，这位前NBA最伟大的篮球运动员。

其实，他念念不忘并一直于心不甘的，是融有他青春梦想的篮球。那是一幅画，永远悬挂在他的记忆里。即使他再也无法重拾这个旧梦，但那幅画也要悬挂在眼前。也许，美好的回忆对我们一般人，在事过境迁之后，特别是在痛苦失去之后，会令我们更加痛苦，或者涌出此情可待成追忆的惘然与怅然，但对于强者，这样的回忆激励着他，成为新的起跳的跳板，让他重新腾空飞起。

孤独的比赛

　　说起奥运会，歌手莫文蔚说：有些体育运动是孤独的运动，比如游泳和跑步，只要一个人随时都可以进行。她说得有道理吗？或许，作为体育运动，可以是孤独的，一个人独对青山或绿水；作为比赛，还可以是孤独的吗？那么多人观看，那么多记者采访，热闹非凡，哪里还有一点孤独的影子？

　　想想，也不尽然。

　　看伦敦奥运赛艇比赛，本来跃跃欲试夺金牌的张秀云落败，水边只有她的丈夫抱着孩子，开阔的水面，越发显得寥落。她确实显得挺孤独的。唯有亲人，是她孤独的影子。或者说，唯有亲人，是遮挡孤独的绿荫。

　　忍不住想起巴塞罗那奥运会400米半决赛，那时候，我在现场，亲眼看见英国选手雷德蒙德跑到一半时突然受伤，眼睁着别人早都撞线，离他远去。他一只腿跳着，忍着疼痛，坚持跑到终点。在空旷的塔当跑道上陪伴他的，只有从看台上不顾一切阻拦疯狂跑下来的他的父亲。他确实显得挺孤独的。陪伴他的，唯有他的父亲，没错，亲人是陪伴孤独的影子，是遮挡孤独的绿荫。

整整20年过去了，如今的伦敦奥运会上，谁还记得他们的同胞雷德蒙德？再过20年，又有谁还能够记得曾经奋斗10多年从一个姑娘变成一个妈妈最终不得不接受失败的张秀云？

看刘翔沉重而痛苦的伦敦的惊心一摔，看他无比痛楚地握住自己的脚，看他单腿蹦着来到他最后一个栏杆前和终点前，看他垂下头亲吻跨栏，谁能理解这一刻刘翔内心的痛苦和所思所想的一切？虽然，有运动员搀扶着他，但最后他还是独自坐在轮椅上离开了赛场。即使满场响起了雷鸣般的掌声，那一刻，他显得分外的孤独和无奈。要知道，整整准备了4年的时光啊，4年来，几乎每一天都是在训练场、饭堂和宿舍这样三点一线之间单调而艰苦地训练，几乎每一天他都要和自己的伤病做斗争。运动员的命运注定在这样孤独中进行和完成，并且必须接受无论成功还是失败、无论受伤还是流血的最后结局。风花雪月般的荣誉和喧嚣鼎沸的热闹，不过是为这样的孤独镶嵌起的一个耀眼的花边。

从本质而言，包括体育在内的一切艺术，都是孤独的，因为他们最后面对的不是荣誉金钱或大众，而是自己的内心。孤独，便是奥运会赛场上必不可少的一道风景。孤独，让运动员可能会落寞，却可以让他们更加专注，更加投入，而进入新的境界。所以，伦敦奥运会的田径赛场上男子百米赛时，那个英国的醉汉将啤酒瓶子扔进了赛场，像炸弹一样，扔到了正在准备起跑的运动员的身后，运动员却一点儿都没有察觉。

重逢文国刚

北京奥运会期间，我接到一个电话，竟然是文国刚打来的，我感到很突然。我和他已经16年没有见了。彼此萍踪不定，地址和电话都早已变了，他居然找到了我。我问他现在在哪儿，怎么这么多年音信杳无。他告诉我他2001年退休就去了美国，在哈佛大学的击剑俱乐部当教练，他教的一个学生参加了美国队，刚拿了女子花剑团体亚军。他是专程回国看奥运会的。

他又告诉我，昨天和体育界的老朋友一起吃饭，国家体委击剑处的原处长，他的老领导，新中国击剑事业的创始人之一林厚儒对他说：有人替你鸣不平呢。然后送给他一张报纸，上面有我写的一篇文章《有的人不应该忘记》。我写了栾菊杰50岁参加奥运会，最后打出"祖国好"的横幅，然后，是几乎国内所有报纸对其铺天盖地的报道和几家电视台对她的专访节目。当然，这非常好，表达了她对祖国和体育的感情和体育迷们怀旧的情感。只是有些稍稍的不满足，在如此多的报道中，没有一处提到她的教练。她的教练就是文国刚。是文国刚改变了栾菊杰的握剑方法，解决了她重心不稳、剑锋下塌和爆发力不足、方向不准的致命弱点。可以毫不夸张地讲，没有文国刚，就没有栾菊杰的声名鹊起。而悲惨的是那时仅仅因为家庭出身问题，文国刚在击剑队里还只是一个没有户口的临时工。在20世纪70年代末和80年代初，我写过报告文学《剑之歌》，并出过一本书《天下第一剑》，对此情况很熟悉。不知道是栾菊杰没有说，还是年轻的记者对文国刚很陌生了。

文国刚看完这篇文章，千方百计地找到了我。那年采访他的时候，我在他的一个笔记本上看到他写的一句话：心近路就不会远。他是一个重情重义念旧的人。电话里，他的话让我感动。

奥运会结束之后，在他回美国之前，我找到了他，他的家门虚掩着，专门等我，这个小小的细节让我心里一动。他非要请我吃饭，他说你看我们认识这么多年，我还没有请你吃过饭呢。如果你到波士顿，我请你吃那里的龙虾和蓝蟹。

饭间，他的妻子小计也在座，我和她也非常熟悉，这位武术高手，国际裁判，被邀请去了美国担任武术比赛的裁判长。于是，有了他们人生路上的又一次旅程。那是2001年，文国刚退休之后，他们来到美国，开始了独闯天下的新旅程。那时，他已经61岁，不是年轻的小伙子了，而且在国内他早已经功成名就，培养过奥运会冠军栾菊杰，奥运会亚军王会凤，亚运会冠军王海滨、董兆致等，老本吃都吃不完，完全可以颐养天年，或当当指手画脚的老太爷，却偏偏还要仗剑长行，远渡重洋，在一个举目无亲的地方开始新生活，这得需要多大的勇气。

　　不过，这就是文国刚的性格，他对我说：你还不了解我，都是这样飘荡惯了，那年大学快毕业了，我不是说走就走，从长沙跑到了南京？我知道，他指的是1959年，那时他还是湖南体育学院三年级的学生，再有一年，毕业文凭就拿到手了。这时，我国第一支击剑队在南京成立了，文国刚和几个年富力强、血气方刚的伙伴，毅然决然放弃了大学文凭，告别了美丽的校园和依依挽留他的老师，提着一个简单的行李包，来到了南京，创建了我国历史上第一支击剑队。

　　他就这样去了美国，就像当年一个大学生一样，拼打生活，吃住行，包括语言，一切靠自己努力，动荡如同大海波浪中颠簸的一条船。但他喜欢过这样的生活，他喜欢让自己的这条小船扯满风帆，扑满风雨，兜满阳光，而不喜欢把这条小船做成精致的标本，摆放进客厅的橱柜，只作为过去时态的回忆。他愿意过这种现在进行时的富于挑战的生活，或许，这就是经年体育生涯给予他的馈赠吧，这也就是体育的精神对于人的性格的陶冶吧。他在选择挑战自我的时候，也选择了挑战命运。

　　他和小计一起，在美国白手起家，转战几个州，开办击剑俱乐部，一个主内，一个主外，你耕田来我挑水。这一对患难夫妻，又找到年轻时的那种感觉，时光倒流，往日重现。富于挑战意味的日子，艰苦，却也有难得的乐趣。有能力有才华的人，无论在哪里都会显现出来，越来越多的人知道他就是奥运会冠军的教练，当地的报纸也来专门采访，他的声名日隆。他再一次感受到一株树慢慢地长大，然后开满缤纷的花朵的那种感觉，那是一种青春的感觉。他很快便被哈佛大学的俱乐部看中。于是，他又像一条充满生机的小河，在流过了浅滩和险滩之后，流过了冰封和枯水季节之后，渐渐有了生机和力量，山随平野尽，江入大荒流。

他带领的哈佛大学男女花剑队年年获得常春藤大学比赛和全国比赛的冠军。他很有些骄傲地拿出那些获奖的照片给我看，然后对我说：在哈佛，只要拿到了冠军，运动员和教练员的照片都会挂在体育馆的墙上，快一百年了，墙上挂满了照片。我对他说：等我去哈佛，你要带我看看你的照片。他笑着说：好呀，那也是咱们中国人的照片。说着，他从手指上取下一枚镶钻的金戒指给我看：每获得一次冠军，发一枚这样的戒指。然后，他把这几年获得的戒指都拿了出来。小计也把自己手指上的戒指摘下来给我看，虽然冠军没有任何奖金，但教练员的妻子也能得到同样的一枚冠军戒指。

名誉比金钱重要，经历比头衔重要，过程比结果重要，扑满风雨的小船比精致的标本重要。文国刚和他的妻子都是这样的人。

哈佛大学给文国刚的工作签证到2013年。他说：我肯定干不到那一年，那一年，我都74岁了。我顶多再干三年。但我有些怀疑，他刹得住吗？车子已经在高速路上飞驰了，他告诉我连小计的车都开80迈，相当于一百多公里呢。难得他们找回了青春的感觉和速度。在我的印象中，文国刚总是显得青春不老、大树长青的样子。

李宁写意

  说起李宁的时候，在他刚刚退役的很长一段时间里，人们常常愿意拿他和童非做比较。

  作为同一代体操运动员，李宁和童非无疑都是最出色的，难分伯仲，可谓双子星座，能够唤起不仅仅是体育迷的记忆和怀念。

  李宁和童非，两人有许多共同之处。比如他们都有过辉煌的成功，在各种世界大赛中夺得的金牌不止数枚。他们也都有过惨痛的失败，而且都是在奥运会这样极为关键的比赛上的无可奈何的失败。童非在洛杉矶奥运会，李宁在汉城奥运会，两人摩肩接踵跌进失败的泥淖。

  他们还有着共同的爱好，都喜欢书法和绘画，把体育与艺术天然有机地体现在自己身上。

  他们有共同的艰苦历程，他们在体操场上洒下共同蒸发不掉的汗水，他们的身上也都留有抹不去的伤痕。

  李宁和童非，两人也有许多不同之处。这当然不足为怪，世界难有两片相同的叶子，更何况人！

他们年龄不同，相差两岁。他们性格不同、训练路子不同、出场比赛的感觉不同。人称童非是刻苦型的运动员，而李宁，则称他是天才型的运动员……

当然，还可以说出他们两人更多的不同之处。在我看来，他们最大的不同之处，在于他们告别运动生涯时的选择。

李宁留在国内。

童非远走美国。

虽是一去一留，简单的飞机场告别与送行，飞机舷梯隔开并不远的距离，却体现出不同人生价值观的取向。

自然，留在国内不见得价值观取向就一定高昂，去异国他乡不见得价值观取向就一定低回。因为不少去异国他乡的人如唐三藏西天取经，为华夏故国作出的贡献无以计量；而留在国内当一天和尚撞一天钟的人，只能惰性地腐蚀着古老的国土。

关键是因人而异，这一去一留，对于李宁和童非已经预示着他们不同的走向。现在，我们只不过看得比当初愈加明显就是了。

记得当年汉城奥运会上，李宁的失败颇遭非议，其中不仅仅在于他痛失金牌，更在于他在运动场过于明目张胆地为健力宝做广告。我们当然可以为此责怪李宁有些年轻气盛而沉不住气。但我们也可以说他已经选定未来人生的道路，准备遭受一些不理解。无论是谁，迈出第一步时，都无法预测前面的路是否平坦是否硌脚。

从最开始第一步来看，李宁和童非都有一个共同的目的：赚

李宁在1984年洛杉矶奥运会的双杠比赛中。李
宁在本届奥运会男子自由体操比赛中以19.925
分为中国摘得首枚体操奥运金牌

一些钱。只不过一个留在国内赚人民币，一个去美国赚美元。许
多人正是从第一步来看待李宁和童非的，大家认为他们的选择似
乎差别不大。正如殊途同归的事常有一样，相似的第一步迈出却
踩出不尽相似的路也常会出现。

　　短暂几年时光逝去，远不能说已经到了水落石出的境界，我
们却已看到李宁加盟健力宝集团，他赚的钱更多是回报于他曾经
为之献身的体育事业。他的李宁牌运动系列服装鞋袜，已经遍布

全国，那个醒目、跳跃、极富动感的小鹿奔跑的L形标志，已经为众人熟悉，活跃在世界的赛场上。

或许，这是一件极简单的事，那个小鹿奔跑的L形，一笔即可画出。但在我看来，这是一件了不起的事。可以说，迄今为止，没有一个现役和退役的运动员，能够和李宁相比，同样创造出这样尽人皆知的标志、这样非同异常的业绩。如今，带有这个小鹿奔跑标志的李宁牌，和当年体操吊环"李宁大回环"的命名一样，都是属于李宁的骄傲，在我国所有的运动员中，除李宁外，还没有第二位；在世界运动员中，也只有乔丹等少数运动员才有专属于自己的品牌。

记得我采访童非时，童非曾经对我讲过这样一桩小事。有一天，童非戴着一副墨镜去北京一家豪华的饭店买东西，被门童拦截在门口，门童很不礼貌地问他：你是哪儿的？当童非告诉他是体委的，到这里买东西，门童鄙夷不屑地问你有钱吗？……

这件事，很让童非气恼，没有钞票的日子，自然很不好过。我知道童非出国并不是为了多赚些钞票，好让那些崇洋的同胞学会礼貌，懂得自尊。这件事，早已过眼烟云一般，恐怕让童非忘得干干净净。

我只是想说，如今北京任何一家饭店的门童依然可以一时看走了眼，认不出戴墨镜的童非和李宁，但他们绝不会认不出那个小鹿般跳跃的L形李宁牌的标志。

我们关注李宁和童非是一致的，但是随着童非去国日子渐长，人们渐渐淡忘童非，其实是很不公平的。因为童非在美国也

并非一步跃进天堂，天涯羁旅的孤独和艰苦、异国他乡的思念和怀想，滋味儿都不那么好受。况且，童非最终还是回来了，以他最大的努力报效祖国。只是他开创的公司远远比不上李宁开创的事业，而且，他的公司至今听不到新的消息，实在让大家对他充满关注与期望。

我们不能说第一步童非错而李宁对，但我们可以说李宁选择了一个更得天独厚也更适合他个人发展的良好时机与土壤。于是，短短几年，李宁和他的公司声名大振，遍布街头，到处可以看到人们穿着以他的名字命名的服装与鞋袜；在许多城市中心，都可以看到他的巨幅广告向人们眨动笑靥。

于是，李宁像没有退出体坛一样，依然顽固地占领着人们的焦点视线。

于是，李宁成为国际体操裁判，并且成为历届国际体操联合会中最年轻的一位技术委员会委员（全世界只有七名委员）。他便在商界、体坛左右开弓，双声道奏响一位退役战将高亢嘹亮的奏鸣曲。

于是，亚运会前夕，爬上海拔四千米青藏高原取亚运圣火的王子，成了非李宁莫属。他便一身李宁牌白衣白裤，将自己和他的李宁牌服装一并带上世界最高的高原之上。

李宁点燃起自己的生命之火，越来越火爆，在他选择留在国内经营他的公司的时候，他没有淹没在商潮之中，相反扬起风帆，弄潮于波峰浪谷之上。他既赚了钱，又赢得名声。或许比起出国者，他有所失，但他所得到的却是许多人叹为观止并望尘莫及的。应该说，李宁是个聪明人。说他是天才型的运动员，只说对了一半，因为同时他也是一个聪明型的商人，极富于远见和创造力。

我并非说李宁与童非已经有天壤之别。而且，这只是短短几年时光的淘洗。时间会说明一切，童非的公司刚刚起步，并且他的公司也是为体育事业服务的。出水才看两腿泥，我在为李宁祝福的同时，当然同样为童非祝福。

但是，我要说，在前面短短几年中，童非已经失去了比李宁要多的许多东西。我只是为童非稍稍惋惜。毕竟他们的起步是相似的。

每一位运动员，无论多么耀眼辉煌，都将会有一天面临李宁和童非当初退役时的选择。李宁对我说过这样的话："什么是体育？我下去，别人上来，这就是体育！"我当时听到后有些惊讶，和我听到的一般运动员的说法不尽一样，他说的那样富有沧桑而一针见血的意味。在这种"上来与下去"之间的选择，是每一位运动员命运转折的关键时刻。我只希望更多的运动员慎重，不要近视，不要远视，也不要戴一副变色镜随时尚屁股后面而变色而波动不定。

我一直以为退役运动员可以有多种选择。或者当教练，如郎平；或者从政，如袁伟民；或者当体育记者，如莫慧兰、杨影；或者进入娱乐圈，如田亮、刘璇；或者嫁入豪门，如伏明霞、郭晶晶……都可以创造那个领域的辉煌。不少功成名就的运动员选择的是经商，但是，我要说，没有一个人赶得上李宁。我说的不

仅仅是经商的规模和所赚的钱，而是指他的影响力，他所创造并经营的李宁牌的产品，推广到世界许多地方。他对于体育的贡献，一点不亚于他在体育赛场创造过的辉煌。他将体育的延长线延伸进更为广阔的人生和世界。

如今，由于产业的转型以及经营模式的转变等诸多因素，李宁品牌面临巨大的考验，曾经拥有过的灿烂辉煌都已经属于过去，转型期间产业的亏损等无形的压力，像山一样压在李宁的肩上和心里，让李宁不得不从幕后站到了前台，去面对这样的挑战，这是不容易、不简单的。

前些日子，在央视《朗读者》的节目上看到了李宁，看到他依然和以前一样，充满信心地面对着这一切。尽管他已经一脸沧桑，白发和皱纹都已经毫不留情地爬了出来。算一算，他已经50多岁了，曾经的青春，真的像歌里唱的那样，像鸟儿飞走一样，一去不复返了。

在这个节目中，面对如今的艰难和压力，李宁说了这样一句话，让我感动并难忘。他说：有信心就会有勇气，因为有梦想就会有冲动。他选择的朗读的篇章，是《做一名战士》，这是巴金的散文，也是他的内心独白。如同当年年轻时在体操台上顽强拼搏一样，他依然愿意像做一名战士一样，去面对眼下新的挑战。

李宁和童非，曾经同为体操王子，如今，多少人还能够记得并认得出童非？但是，很多人记得并认得出已经老了的李宁。

1986年的一袋奶粉

　　我当过10年的体育记者，采访过奥运会、亚运会、友好运动会和一些世界单项锦标赛，和国内外不少运动员有过接触。出版社让我编一本与我有关的体育文集，以迎接就要来临的北京奥运会。我翻开多年以前采访运动员和教练员的文字，其中看到关于沈祥福的一段，不禁怦然心动。

　　1986年春节刚过，我来到昆明中国足球海埂训练基地，采访由年维泗担纲主教练的中国足球队。那是刚刚经历了"5·19"事件后中国足球的低谷，年维泗临危受命。应年维泗的召唤，老将沈祥福再次进入国家队，按沈祥福的玩笑话说是"三进山城"。那一年，他29岁了，他知道这次进入国家队对于自己意味着什么。他格外珍惜这次机会。以往几次在国家队踢球，几次都未能冲出亚洲。这让他感到遗憾。西德和中国香港，都曾表示愿意出钱，请他加盟，阴差阳错，他也都未去成。这也多少让人感到遗憾。如今年近三十，国家队需要他，他知道这恐怕是最后一次机会了。他为人随和、谦虚，刚刚在电视剧《绿茵角斗士》中

担任过角色，虽然只是配角，但需要他，他便认真做了。虽然，他演的远不如他脚下功夫到家，显得有些呆头呆脑的。

有意思的是，那一年的大年初二，沈祥福准备结婚。北京体委在先农坛分给他一间14平方米的房子。幸亏伙伴们帮忙，刷房子，油家具，折腾一溜儿够，赶在大年三十方算弄妥，婚礼就在这间小屋里于大年初二举行，过后他同爱人准备到广州旅游。大年初五，通知来了，他被调往国家队。

蜜月没有过完，婚期还保留着，沈祥福匆匆回北京队取运动衣，赶到飞机场。抵达海埂的时候，他穿的衣服上还沾着斑斑的油漆点，那是刷家具溅上的，那是结婚佩戴的别样花朵。大家开玩笑说："沈祥福成油漆匠了！"

原以为结婚后运动生涯该结束了，没想到又来这么一次最后冲刺。命运是故意给他一次磨难，还是有意给他一次幸运？他知道年指导是要他司职前锋前卫，加强左路进攻的威力。干事业，谁不愿意在国家队干呢？而且，既然干就要干出点儿名堂来。

在本该脱去战袍的时候，再次披挂上战袍。乍一训练，又是大运动量，他身体反应大，肌肉紧张，还感冒了，再加上对新婚妻子的思念，这一切构成严峻的考验，磨炼着他的意志。他尤其不放心的是妻子，那时，她在大都饭店当总机交换员，离家远，又患有腰椎间盘突出。虽然，临来前，他把窗户缝糊得严严实实，嘱咐朋友们多加关照，但当夜风吹拂海埂的树梢，吹皱海埂的湖面的时候，他的心里依然悄悄爬出一阵阵思念。

终于，盼来了妻子的第一封信。北京市体委帮忙，把她调到先农坛总机工作，朋友们对她格外关心。"好好练吧！"信里除了这句鼓励的话，妻子还特意买了一袋奶粉，托人带给沈祥福，希望他注意身体。

　　就是这一袋奶粉，让那时的沈祥福怦然心动，也让现在的我倏然心动。采访笔记本上几行发黄的字迹，让一切近在眼前，又恍若远在天边，仿佛天宝往事一般那么不真实，让我感慨良多。

　　对于今日踢得越来越臭却已经腰缠万贯的中国的足球队员而言，一袋奶粉早不在眼里了。但是，1986年的一袋奶粉，对于一名中国足球队的队员而言，却是那样的弥足珍贵。

　　不知道这一袋奶粉，沈祥福还记不记得。虽然事情已经过去了20多年，我依然清晰地记得，在海埂基地采访沈祥福的时候，他对我说起这一袋奶粉时脸上浮现出的是有些羞涩却幸福而珍爱的神情。他清楚，从那一刻起，他脚下的足球多注入了一股力量，那力量来自妻子。

　　那一年3月，昆明春城飞雪，是整个云南省半个世纪以来少有的奇寒。这纷纷扬扬的大雪偏偏让他们遇上了，老天爷特意要考验他们一番，考验中国足球一番。记忆中，干旱的日子总是很多，下雪，尤其下那么大的雪，总应该难忘。

　　如今，中国足球刚刚在天津自己的主场先后输给了卡塔尔和伊拉克，再一次在进军世界杯的道路上折戟沉沙。其实，球踢得怎么样，还在其次，关键是还有没有当年沈祥福接到那一袋奶粉时的感动和珍爱。麻木的精神，尤其需要营养的滋润。1986年的

我
的
体
育
散
记

2004年4月29日，沈祥福在贺龙体育中心外场进行中韩之战的赛前训练

一袋奶粉，在他们的眼里已经不屑一顾，是否还存活在记忆里，能够结晶一块琥珀，哪怕只是系上一个不大的结，成为中国足球的一种试纸，一种隐喻。

夕阳下的钱澄海

　　人生中有许多遗憾是无法弥补的。我曾经在《新体育》杂志当过10年的记者，一直有个心愿：采访一下钱澄海。他的爱人是当年八一女篮的张晓霞，退役之后在《新体育》工作，便觉得近水楼台，什么时候去采访都可以。却一直拖到听到钱澄海逝世的消息，心像被电击一样，竟然愣在车水马龙的街头，鸣笛的司机探出车窗大声呵斥着我。

　　少年时候，我痴迷篮球，上小学六年级，还曾经被北京体育馆的少体校选中，站在体育馆的木制地板篮球场上的感觉，真的太好了。因为我训练的篮球场，就是国家篮球队比赛的地方。那时候，我对国家篮球队的队员如数家珍，最崇拜的是钱澄海和杨伯镛，他们一个一米八二，一个一米八〇，在篮球场上都算不上高，却都以灵活著称。前锋杨伯镛的溜底线，后卫钱澄海运球中的急停跳投，都令我艳羡而模仿。为了看他们和苏联迪那摩队在体育馆的比赛，排长队买票，虽然买的只是最后一排的座位，还是让我心旌摇荡。一个时代有一个时代的偶像，在20世纪整个50

年代，我的体育偶像就是钱澄海和杨伯镛。

应该毫不夸张地说，钱澄海和杨伯镛的时代，奠定了中国篮球的风格。以后，我们不知从什么时候开始迷信大个儿，快速灵活多变的风格渐渐消失或变得摇摆不定。我们开始如中国足球一样不大相信自己，而迷信外国的教练，在引进先进的篮球理念与篮球文化的同时，丧失了不少钱澄海那个时代宝贵的东西。当然，这只是我一个篮球迷的认知，我很想有一天能够见到钱澄海，向他讨教一番，他当过十几年的中国篮球队的主教练，我很想听听他的意见。但是，由于我离开《新体育》很长时间了，和体育的接触越来越少，这样的念头只是一闪而过，随风而逝。

三四年前的一个黄昏，我去体育馆路上的训练局的大院办事，50年代建设的篮球馆就在那院子里，有一阵子曾经变成卖服装和家具的展销会，现在不知做何用场了。由于好久没到那里去了，望着那座灰色的建筑，我一下子涌出一些流年暗换的沧桑感觉。就在这个时候，我看见一个熟悉的身影，走在对面的甬道上，我认出来了，是钱澄海。他没有往这边他曾经比赛过不知多少场次的篮球馆看一眼，只是匆匆地拐进旁边的田径场。

我越过中间的马路，走到了对面的甬道，并快步来到了田径场的门口，正要冲着他的背影喊一句："钱指导！"但是，我停住了脚步，忍住了，就站在那里，默默地看着他走远。因为，在那一瞬间，我看见他拄着双拐，他的一条左腿没有了，空裤腿在风中摆动着。由于他是朝着夕阳方向走的，逆光里他的背影，给我的感觉有些苍凉。虽然，我知道他患了骨癌，但消息闭塞，不知道他已经截掉了一条左腿。那一刻，我想起曾经在报纸上看到过的一张照片，他腾空上篮，右手托着球，左腿高高跃起，微微有些弯曲，弧线是那样的优美。而现在，那条弹跳而起跃到半空的左腿哪里去了？我有些伤感，不愿意上去打搅他。

　　我失去了能够和他面对面的最后机会。那个夕阳下他的背影，定格在我的记忆里。我不知道那一刻翻涌在他的心里的是什么，夕阳无限好？还是落日心犹壮？我只知道，此刻在我的心里对他充满怀念和感激之情。对于中国篮球的贡献，自有国家和他的战友和学生去说，但对于我，他陪伴我度过整个少年时期，让我对体育一直充满美好的向往和憧憬。

想起容国团

我常常会想起容国团，特别是在世乒赛中国乒乓球傲视群雄拿下大满贯时，都会让我禁不住想起了容国团。

他是第一个拿到乒乓球世界冠军的人，那也是中国体育的第一个世界冠军。在中国的体育史上，为祖国拿到世界冠军的，曾经有过许多英雄；但是拿到第一个世界冠军的，却只有他一个人。

想起容国团，是想起他为中国夺得这第一个世界冠军，是多么的来之不易。说它来之不易，是因为那时新中国刚刚成立不久，国家并不强大，世界对中国所知甚少，甚至充满敌意、误解和鄙视，中国的体育不仅没有夺得过一个世界冠军而让世界刮目相看，还被西方认为是"东亚病夫"。说它来之不易，还因为容国团刚刚从香港回到祖国内地不久，他的严重肺病也刚刚治愈不久。但是，他就是以那样瘦弱的身躯为祖国赢得了第一个世界冠军。是他让中国的五星红旗第一次升上了世界体坛的上空，让世界向中国致以注目礼。

想起容国团，便想起"人生能有几回搏"，这是他留给我们的一句箴言，和他近台凌厉的左右开攻的矫健姿态，他清秀温和的面容，以及如鸟跳跃飞腾的乒乓球，一起留在我们共和国历史的记忆中。他就是这样希望用自己的力量在乒坛上为祖国一搏，让世界通过自己认识中国。正是这种感情冲溢在胸，令他在50年前的1959年，在德国的多特蒙德举行的第25届世界乒乓球锦标赛上，面对参加此次比赛的38个国家的240多名选手，如林的强手中包括一个前世界冠军、一个欧洲冠军、两个国家冠军，包括曾经不可一世的西德名将朗格、曾经战胜过徐寅生的美国名将迈尔斯、曾经战胜过自己的此次比赛的第一号种子选手别尔切克，最后在先失一局的情况之下以极大的毅力连扳回三局，又战胜了久经沙场经验丰富的匈牙利老将西多，捧得了世界男子单打冠军圣·勃莱德杯。

　　想起容国团，是觉得事过境迁之后，一切显得有些轻松而充满诗意，容易遗忘夺得这第一个世界冠军的艰辛和意义。容国团便也随之变成一个荣耀得光彩四射的符号。

　　想起容国团，是看到眼下的体坛似乎有不少人已经缺乏了容国团这种"人生能有几回搏"的劲头，而是将劲头"搏"于一些鸡毛蒜皮之类的事情，甚至服用违禁药品，乃至更改年龄，甚至黑哨贪污受贿……想想，这一切无外乎都是一些名缰利索的蝇头小事织成的网，网住了我们的眼和心。就大的背景条件来讲，我们所处的时代已经远远好于容国团的时代；就个人的条件而言，也大大超过容国团。可我们有些运动员、有些运动队却和容国团

拉开了远远的距离。这样的距离，不仅是技术的距离，更是心的距离。我想，也许这就是我们的足球虽大却和小小的乒乓球相差距离遥远的原因之一吧？

1989年的初春，我曾到过多特蒙德这座对于中国体育至关重要的城市，那时，容国团已经离开我们20多年。容国团曾经在这座城市，代表中国队挥拍作战。站在容国团曾经挥舞球拍手捧圣·勃莱德杯的体育馆里，我便想起了他，想起他在"文化大革命"中所受到的非人折磨以至惨死的情景，心里充满感慨，更充满对他的敬重。所幸的是，我来到这座陌生的城市，问起容国团当年夺得第25届世界乒乓球锦标赛男子单打冠军，这里的一些人都还知道。事过30年，人们还记得他，这让我感到格外骄傲，也替容国团感到一丝欣慰。

据说，容国团死前曾经久久地徘徊在龙潭湖畔的一个鸭舍里。那里离我家不算太远，离我曾经工作的地方更近，以前，我常常到那里去，可是我竟没有一次想到过容国团。事过境迁之后，往事容易成为一杯冲淡的茶；遗忘，是我们人类常见的疾病，我因此也为自己感到惭愧。

如今整治过的龙潭湖，鸭舍早已荡然无存，记忆却还顽强地存活在这里的草木和湖水之间。龙潭湖，比容国团当年来的时候要宽阔得多，美丽得多。湖水轻轻荡漾着，伤心桥下春波绿，曾是故人照影来。

紫色的性格

初见陈静，她显得沉稳、文静。但看得出，又很有点儿心眼儿。

汉城奥运会，她夺得冠军，呼啦啦围上那么多采访的记者。她只说了两句话。一句是："这是献给国庆节的最好礼物。"另一句是在被紧追不舍逼问不尽之后讲的话："我没什么可说的了！"显然，头一句是套话，犹如比赛恰逢妇女节、儿童节之类，可以说是献给妇女节、儿童节的礼物，那礼物便成了圣诞树上的彩花或彩灯，可以任意去挂。后一句则是她的心里话。面对那么多素不相识的记者，是要靠掏出她的话作为新闻或花絮做文章的人们，她实在没有必要去敞开心扉。她知道此刻最有分量的是扣杀过网的球，而不是轻飘飘的语言。

她的心室大门始终挂着一把锁，宛若一座开满紫荆花芬芳而年轻的花园门前挂有一块"闲人免进，严禁攀折"的木牌。

她的面部始终毫无表情，沉稳、文静得与她20岁的年龄并不相等，仿佛她早已久经沧海难为水。

汉城奥运会前夕，中国乒乓球队搞一次民主推荐或曰民意测验，让女队每人写上三名最合适赴汉城参赛的人选。自然，这种事，运动员心里都门儿清，不会那么犯傻，看看教练员的脸色，也揣摩得八九不离十：三位老将早已内定，只是教练员决心尚未下定罢了。因此，大家也就都如出一辙般写下了三员主将的大名。

只有陈静特殊。

全是老的行吗？士气会不会受影响？很容易放不开，成了包袱。而且，外国运动员早把她们研究得够够的、透透的了。年轻的上去，队伍就会有朝气。老的也不一定都比我们年轻的强，跟我们打占不了上风，我们胜的时候多。会说现在青黄不接的时刻，怕年轻的顶不上去。不用我们，怎么知道我们不行？大比赛总不让我们参加，小比赛参加了，胜了，又说我们没参加过大比赛，缺少经验！是啊，唯一欠缺的是比老的少经验。但是，老的运动员的经验很可能被包袱所代替。我们放得开！再说经验，我们又不是没打过比赛……

陈静这样想。奥运会上设有乒乓球项目是头一次。人生会有许多头一次，作为一名乒乓球运动员，这头一次诱惑最大。也许，她一辈子恐怕只有一次这样的机会。她不能不这样做，心一下子像旋转的风车。

她还有她独到的辩证法：认为用年轻的是冒险，但年轻的没有负担有冲劲，冒险中才有保险。用老的看似保险，但老的有负担不敢冲，实际不保险而在冒险。她希望用这些说动教练员。只是，她一时拿不准。欲言又止最难受，像怀揣着火球，烫烫的，如鲠在喉，不吐不快。

她只对同寝室的伙伴说了这心底的悄悄话："我真想这么写！"

伙伴鼓励她："那你就写嘛，怕什么！"

她写了。

平日，她很少动笔杆子，连家信都很少写，一年难得写两封。一到给父母写信的时候，就咬着笔杆犯愁。怎么也想不出词来，好孬写几句，简直是在凑词儿，像是总也发不过网的球，连自己都着急。似乎从小就离开家，独自一人浪迹天涯习惯了。她也很少像有些女孩盼望家信频频如燕子衔春而来，她像男孩子心硬得很。倒是做父母的常常盼望女儿能来信，街坊四邻、亲戚朋友觉得他们养了一个好女儿，常关心地问："你女儿最近来信没有哇？"做父亲的不讲话，做母亲的埋怨道："她把我们忘了，现在她在哪儿，我们都不知道呢！……"

是啊，她动笔远不如打乒乓球熟练而经常。笔并不那么听使唤，涩得如她很少流的泪水。但是，这一次，她握起了笔，写得认真而且流畅，那话居然如长长流水不断。她同别人一样，先依样画葫芦抄上三名主将的名字，只是在后面加上长长一大段话，如实讲了她的心里话。写得挺累，心却是痛快了。

这便是陈静的性格与做法。她不会扯旗放炮，正面发起进攻，但她会绵里藏针，含而不露，恰到好处。这是在乒乓球队磨炼出的性格。

我的体育散记

　　教练员看到这份陈情表，都很赞赏她这种性格。这里，毛遂自荐的味道溢于言表。可以说，这是一种个性的曲折张扬。有个性的运动员才会有出息。

　　她的教练郗恩庭找到她，问："你这是不是毛遂自荐？"

　　她否认。她说："我没说我自己，我说的是能否用年轻的运动员。"

　　赴汉城参赛的选手名单即将公布之前，郗恩庭又找到她，问："如果这次用你，你有没有信心？"

　　她眨眨细长的眼睛："当然有，没有写那些干什么！"

　　名单公布了。有她。她并不感到意外。她觉得一切都是命运的选择，是她自己的，也是中国乒乓球队的命运。舍此其谁呢？

　　她这样对我讲："在这一批年轻运动员中，我是幸运的。机遇是关键的，我抓住了。"

　　她依然面无表情。

　　一年多前，大个子的郗恩庭从男队调到女队任教练，许多人都对他说："陈静这小姑娘球打得不错，人难管。鬼点子特别多，胆子也大，常常想怎么干就怎么干！"

　　郗恩庭性格爽朗、说话风趣，技术没得说，发球尤为一绝。他要帮助陈静解决发力不足以及不善对付对方的下旋球和前冲弧圈球的弱点，要帮助陈静解决远台技术的短处。当然，郗恩庭知道更重要更需要解决的是教练员与运动员的心相融连接，摸清运动员个性的脉数，让其个性与自己的个性共振在一个点上。

　　正值冬训，他对陈静说："这次冬训，你要解决怕吃苦、偷懒的问题……"

陈静安安静静地听完了，然后不动声色地反驳道："我有这么多缺点，教练干啥要培养我，不培养别人？"

她就是这样。平日像扎嘴的葫芦，但要是一说起话，就是真噎人的肺管子。

在湖北黄石封闭式训练。湖北是她的家乡，父母和妹妹以及男朋友，均近在咫尺。一个星期天下午，她未请假便离队走了，第二天清早才归队。乒乓球队开大会批评了她，让她当众写检讨。她的胆子的确够大了，别人不敢这么干，她敢。郗恩庭第一次领教了。

检讨是检讨了，别人帮助写的。她不服气。怎么就只看我一脸眵目糊？拿我杀鸡给猴看？总是批评我？一赌气，她一连一个星期不理睬教练员，不说一句话。

黄石，真是让她感到别扭的地方。虽然这里山清水秀，却让她触目皆悉，情绪极不稳定，常常为些小事发火，要么就是闷头不语，晚上望着楚天阔远、星月闪烁而思绪扑朔迷离。挺奇怪的是，这时候翻看琼瑶、岑凯伦的小说，她再不会像以前那样傻兮兮流泪了。她扔下了它们，而爱看谢尔顿之类的破案小说刺激刺激自己。她觉得自己可能是长大了。

她的训练很不理想，几乎跟谁对打，她都得输，有时明显可以赢的球，她觉得领先太多了，怕人家面子不好看，便想讲点儿面子让几个球，谁知竟输了下去。她自己跟自己、跟自己的球拍生气。这是怎么了？怎么了？加之前不久她出访欧洲也输了几场

球，有人便说："陈静的球下来了，不行了！"这话比谢尔顿的小说还要刺激她，她心里很窝火。奥运会迫在眉睫，这时候讲她不行，她还有什么戏去拼一拼呢？莫非黄石成了她的滑铁卢不成！

一天在餐桌上，她看着周围许多人都在，倏然站起来说道："我要是不行我就不在乒乓球队待。我还敢在这里待，就是我觉得我行，我还有这个能力！"说罢，她放下饭碗，转身而去。

这便是她的性格。不鸣则已，一鸣惊人。别看她平日不爱讲话，蔫萝卜却辣心。

小时候，父亲很喜欢她。她人长得秀气，父亲因当过汉剧团的工宣队队员，自己又爱哼口京戏，很希望她能搞文艺。7岁，她入小学，那是所专门培养文艺人才的学校。可是，她嗓子不行，老师准备让她学乐器。这当口，有人来招收乒乓球小运动员，相中了她。她第一次知道世界上还有乒乓球这玩意儿。

她去练了，父亲很高兴。京戏汉剧也好，乒乓球也好，总归要有一技之长就好。父亲希望她能够有出息，每天晚上都来看她打球，还特意带来工厂一位好手陪她打。不过，那时候，她的脾气就很倔，球打得顺还好，打得不顺，她就瞎打一气，输得落花流水。为此，她没少挨父亲的打。父亲和她脾气一样的坏，打急了，针尖对麦芒，她就逃跑离家，令父亲无可奈何。

"进了省队之后，我就再也不怕我爸爸了。"她曾经这样对我说。

环境与性格，使她早熟。

1996年亚特兰大奥运会乒乓球女单前三名：陈静（左一）、邓亚萍、乔红

　　在乒乓球队，她很少串门，只爱独处一室，看书听音乐，玩玩最喜爱的洋娃娃，要不就是冥思遐想。她爱想，什么事都想了一遍又一遍，像烙饼翻了一个个儿又一个个儿。因此，她说出的话都实着着、沉甸甸的。她一门心思只想能参加奥运会比赛。作为运动员，那是她心目中的珠穆朗玛峰。

　　在汉城，她的性格忽然开朗许多。她知道这是因为她终于如愿以偿来到汉城，准备向自己的第一枚乒乓球金牌发起冲击。同时，也是对她的教练员郗恩庭为自己所做出努力的回报。

　　她忽然发现郗恩庭竟敞开心扉对自己讲了他的好多心里话，直言不讳地谈了对她的看法，说了他自己当运动员时有趣的事。而且，还陪她一起去换纪念章、去买邮票、去挑选她最喜欢的洋娃娃。那纪念章竟换了上百枚，沉甸甸、金闪闪；那洋娃娃毛茸茸的，细腻、柔软，像真的一样。一时间，他们都像回到了遥远而又充满温馨的童年……

　　"郗指导，到汉城来你怎么不批评我了？我太高兴了！"

　　她还是个孩子。郗恩庭也感到她的可爱，他感到训练一名

男运动员和训练一名女运动员的不同，那仿佛看似面对着的都是水，实则一条是瀑布，一条却是山涧溪水。他很认真地对她说："快比赛了，不能总批评没完！"

"回北京怎么办？咱们商量商量！不能总批评，可也不能总表扬呀！教练是干什么的？就是来给你挑刺的，技术上的、思想上的。我不能为说你两个缺点，得先说上五个优点吧？那样你难受不难受？"

她笑了。她难得一笑。汉城的天空难得显得那么高远、蔚蓝。但是这种宁静与和谐，只是暂时的。犹如一头梅花鹿，不可能永远只是在草坪吃草、在溪畔饮水那样悠然惬意。它必须还要奔跑，踏开四蹄扬欢，甩起一片苍茫尘阵。这才是陈静。

进入半决赛，陈静对赫拉霍娃。这是关键一役。如果陈静胜了，女子单打金牌稳落中国手中。如果输了，那么一颗心仍要悬在半空。当时，中国女排输得个稀里哗啦，乒乓女双又败在韩国梁英子和玄静和的手下。中国体育代表团恨不得让乒乓球多拿几块金牌，补补塌方般的惨状。陈静对赫拉霍娃的比赛自然举足轻重。

谁想到，第一局，陈静打得很不顺手，一下子竟落后10分。

这场比赛之前，郗恩庭已经发现赫拉霍娃本来是弱点的反手，在汉城的几场比赛却发挥得极好。他找来陈静："在北京我们订下的对付赫拉霍娃的策略，你背一下。"

她背了，一字不差。三条：发球、接发球、相持压反手……

"第一条、第二条不动。第三条要改一下，不要再压她的反手，要改为压她的正手。”

陈静不同意。她就是这么个倔姑娘，敢坚持主见。可这都什么时候了，你还坚持？郗恩庭很着急。

陈静自有她的思路。自开赛以来，小组比赛，她打得一点儿都不紧张。进入淘汰赛，她紧张起来，忽然意识到，只要输了一次就没了。而且，在下半区中只有她一个中国选手，她必须孤军奋战。她知道只有胜，别无出路。如果输了，别人会说你不行，奥运会前还逞什么能，在推选人名单后面写了那么一大堆话。她知道如果真败倒汉城，迎接她的那一堆话会如何难听。她是个自尊心极强的人。

淘汰赛中第一个对手是保加利亚的戈尔契娃，陈静曾经战胜过她，但很艰苦，是3：2。戈尔契娃发球抢攻很凶，不能给她长球。这次陈静偏偏给她长的，看她怎么办！结果，3：0，陈静赢了。之后，对苏联削球手布拉托娃，她是欧洲冠军，依然是发球抢攻厉害，不能给她正手，但陈静偏偏给她正手，结果打得她惨败下去，其中一局21：2，布拉托娃只得了两分。

这次对赫拉霍娃，陈静也想如法炮制，出其不意以其人之道还治其人之身。你什么最拿手，我偏偏给你什么球，打乱你的阵脚。谁知，赫拉霍娃不是戈尔契娃和布拉托娃，她反手越打越凶。陈静慌了起来，不住回过头看教练。待她捡球的空当，郗恩庭示意她立即改过来，推赫拉霍娃的正手。她松口气，这才改变了作战方案。她就是这样一个人，不管什么滋味，只有自己尝到之后才会认可。当她认可之后，能冷静并能很快调整、把握

145

自己。

因此，平常队友常能胜她，但只要一到正式比赛，她反倒总能取胜。这不能不说除了技术因素，性格帮助了她。

她曾这样对我说她对乒乓球这项运动的理解与认识："乒乓球很难打。你有实力、水平，不见得能拿到好成绩。一紧张，手一哆嗦，球就没了，偶然性很大，三下五除二，还没有醒过来球就已经输光了。乒乓球速疾得很，来不得犹豫，运动员的素质和性格更重要。"

没有性格的运动员注定平庸而难有作为。如同各种各样的花，它们的叶子都是绿的，毫无特色，但个性恰似花朵却是五颜六色，绝不雷同，即使看似相同的颜色也可分辨出不同色谱，更何况花中还有极为特殊的黑色，如名贵的黑郁金香、黑玉兰或墨菊花。优秀的园丁绝不把它们视为异端，反会精心培植，使之成为奇花异朵而流光溢彩。

汉城归来，郗恩庭曾爽快地说："用陈静当时真是冒着风险！"不过事实证明他与其他教练员的做法是对头的，也说明陈静书写的那一大段关于冒险与保险的话是对的。

郗恩庭还颇有感慨地说："每个运动员都有潜能。教练员要懂得点儿心理学，才会懂得如何挖掘一个运动员的潜力。"他同时说，"不抹杀个性，保护并且发扬运动员的个性，才会有利于发展潜力。"

可以说，陈静夺得了一枚金牌。她的教练员获得了比金牌更为重要的启示。我曾问过郗恩庭："奥运会归来，陈静的个性会不会被抹平一些？"因为在汉城，陈静夺得冠军后，郗恩庭曾对她语重心长地讲过："你现在算是明星了，回国后可能会受到意想不到的欢迎，人挤人拥的，鲜花呀奖金呀……你整个人生活在幸福欢乐中。我警告你一条，把这些统统当作新的起点。"事实上，陈静回到国内变了许多，变得更加内向，而且常常主动帮助队里做好事。这在从前是没有过的。她是否已经背上了冠军的包袱，怕别人说自己骄傲等等，便压抑了原来无拘无束的个性？这于她好耶坏耶？利耶弊耶？

郗恩庭答道："从现在看是有那么一点儿。不过，关键还是看她自己了。她是个很有主见的人。"说罢，郗恩庭爽快笑道，"她要是找个更有主见的男朋友，以后非吵架不可！"

我也就这个问题问过陈静本人。她说："我不管！我还是我，该怎样就怎样！"

她果真依旧我行我素。

我又问："马上要到第40届乒乓球世界锦标赛了，你会不会输在自己更年轻的队友手里？"

她连犹豫都没犹豫："太有这种可能了！不过，我会努力的！"

我希望她努力使自己个性不要被磨平，变成圆嘟嘟的乒乓球一般。

采访结束，分手之际，我问她："以后有些什么打算？"

她说："以前练球，小学都没有正经读完。在国外打比赛，我都不敢讲话，人家介绍这是世界冠军，我感到特别难受，因为

一句外国话也不会说，而人家国外许多运动员却是正经上过大学的。我想学外语。"

这话听了让人感动，比她说我要再学新的什么打球技术更重要。知识，才是好的立身之本。

"不过，我只坚持了一个月，学了四课。队里决定要我参加奥运会，我就扔下了。有一次，我到体育宾馆办事，听见一个老外在打电话，他说的英语其中有几句我听懂了，正是我学过的四课书里讲过的，我好高兴哟……"

她的眼睛立刻明亮地一闪，嘴角一抿，难得地微笑起来。

她还对我说："我以前记过日记，1983年，我15岁的时候，日记本丢了，我就没有记……"

我希望她重新捡起来，坚持到底。英语、日记，包括本该有、本可以有的一切。人生并不长，青春也不是一棵四季不老的常青树。

她还曾经对我说过她喜欢紫色。喜欢紫色的人并不多。常见的偏爱白色、蓝色、红色的人居多。据说，紫色象征着典雅、华贵。那是一种至上的色彩。那是她的梦，她的憧憬，她的追求。只有她这种性格的人才会喜欢这种色彩。我想起美国著名作家艾丽丝·洛克曾经讲述过一句有关紫色的话："如果你踏着紫色走在田野里而对它视而不见，上帝准会大发脾气。"

这话真耐人寻味。

哦，紫色!

李富荣和别尔切克

他们两个人整整较量了23年。一个代表中国，一个代表匈牙利。

别尔切克比李富荣大6岁。

一

1959年。匈牙利，布达佩斯。他们第一次相遇。那时，还都是小伙子呢……

这里是诗人裴多菲的故乡。花像诗。云像诗。连迎面扑来湿漉漉的风，也像一首无韵的诗。

李富荣跳下飞机，感到格外振奋。万里云海，长途飞机的颠簸，并没有使他感到鞍马劳顿。他只不过像从家乡上海到了一趟苏州，近得很哩，有趣得很哩。也难怪，他才17岁呀！又是第一次出国，一切对于他，像小鸟飞上天空，觉得是那样的新鲜和新

奇。呵！世界原来这样大……

前来迎接的东道主向他伸出了手。这里面有匈牙利著名运动员别尔切克。是谁呢？不认识。他没有见过别尔切克。别尔切克也没有见过他。

忽然，李富荣听见前面有几个金发碧眼的外国人在讲话。翻译正对领队翻译着，有这么几句飘进了他的耳朵——

"王传耀怎么没有来呢？"

"容国团怎么没有来呢？"

这话每一个字都像一枚针扎在李富荣的心上。刚才那喜悦兴奋的心情一下子全都留在蓝天上了。他瞥了一眼那几个外国人，彬彬有礼，矜持。他们是干什么的？记者？运动员？政府官员？谁知道。他们小瞧我呢！

是呀，王传耀，蝉联两届男子单打全国冠军。容国团，几个月前刚刚在第25届世界乒乓球锦标赛中为中国第一次抱回了圣·勃莱德杯。他们两个人当然大名鼎鼎，是中国队的台柱子，是世界乒坛上的显赫人物。他呢，才17岁，第一次作为中国青年代表队的一员，出国参加比赛。师出无名，不见经传。青年代表队，就多了"青年"这两个字！唉，倒霉的17岁！

不过，他们可能不知道：一年前，在广州的全国锦标赛上，王传耀就已经败在了他的手中；两个月前，在北京的第一届全运会上，容国团也已经输在了他的拍下。是骡子是马，拉出来遛遛！台上见！拍上见！球上见！李富荣又瞥了瞥那几个还在讲话的外国人，故意昂头挺胸，大步径直走过他们的身旁，像一匹骄傲的小马驹，旁若无人一般，驰骋在一片开阔的草原上。呵，自豪的17岁！

17岁，是一个什么样的年龄呀？在17岁的人面前，没有采不尽的鲜花，没有掘不开的宝藏，没有战不败的对手。就是大海，在他们的眼里也不过是一杯橘子水。李富荣有着一段为时并不长，但值得骄傲的历史。9岁，握着一块光板球拍，独占全校唯一的球台，横扫全校大小球迷。10岁，攒了一个月的零花钱，不买糖，不买棒冰，自己跑到商店买了一副便宜的海绵球拍。拿着这副球拍，他长了行情，壮了胆气，竟敢和大人和名手较量。曾经获得全国第三名的女将张逸情来到他家附近的工厂比赛，他竟敢来一场罗成叫关，挥拍上阵了。"啪""啪"抽着球，跺着地，瞪着这位全国第三名，他居然赢了！他才10岁呀！现在，他17岁了，他更渴望和名手交锋。赢，就要赢名手，那才解气呢，那才过瘾呢，那才痛快呢，那才神气呢……

战幕拉开了。

此刻，站在他面前的就是一位名手，一位驰名欧洲的老将。他叫哈兰戈索，南斯拉夫人，一个40多岁的壮汉。墨绿色的球台像一汪深深的湖水，把这一老一少隔在两岸。每个人手中都扬起球拍，仿佛扬起帆，驶动了船，看谁的帆樯敢于挂起暴风雨和雷鸣闪电，开达目的港，取得最后的胜利。

此刻的比分是0∶2。是李富荣先失两局。再负一局，他就被淘汰下去，名落孙山。

年轻。气盛。李富荣什么时候服过输？国家队到上海选拔

人，胖胖的教练傅其芳亲自和他对阵，要掂掂这16岁的上海市少年冠军的真正分量。第一局，李富荣输。他服了吗？抹抹汗水，眨眨眼睛，挥挥拍子，他要求："再打一局！"再打一局，又输了。傅其芳笑了。他没笑。傅其芳要走。他没走。他服输了吗？"不行！再来一局！"像藤死死缠在大树上，傅其芳摆脱不了这拧脾气的小伙子。好！又来了一局。怎么样？细细的藤不是打败粗粗的树了吗？

现在呢？

李富荣浑身都湿透了，汗水滴进鞋子里，连袜子都湿了，脚黏黏的，不住地打滑，像踩着两条泥鳅鱼。不能就这么输了呀！

哈兰戈索不愧是沙场老将。横拍削球，那球像魔术般飘乎乎旋转着，旋转着，一碰拍子就不知飞向哪里了。简直像一只狡猾的鸟，怎么也逮不着，它可是到处恣意在飞，在你身前身后得意地叫。真气人！真急人！

我就和你泡了！死泡硬缠！李富荣心里琢磨好了对策。不行，球一碰球拍，不是飞出台子，就是撞死在网下。21分的球，不能就这样一分一分地输掉呀！暂时进攻不成就搓，搓过去！别着急，小心！瞅准机会，一个泰山盖顶，一个落地生花！好，李富荣赢了一个球！布达佩斯体育馆热情的观众都为这个年轻倔强的小伙子激动了。人们的心总是站在年轻人的一边！观众们拼命地为李富荣鼓掌、加油！终于他扳回来了一局：1∶2。

手心里全是汗，他蹲下来，在地板上擦了擦。眼睛里全是球，一个个银白色的小球，飞蹿着，像流星，像雪花，像飞进的水珠。他在捕捉它们！一拍！一拍！又一拍！一分！一分！又一分！马拉松式的拉锯战。一个球一个球地咬，他就像鳔胶，像蛇，紧紧黏上了、缠上了哈兰戈索。

哈兰戈索也已经浑身大汗淋漓。他摇了摇头。说实在的，他还从来没有见过这样难对付的选手，简直就像你的影子，怎么甩也甩不掉，只有你消失了，他才跑了，班师回朝。

终于，李富荣连扳三局，反败为胜：3∶2。

不打不相识。哈兰戈索喜欢上这个小伙子。他主动走上前去，拍拍李富荣的肩膀，表示祝贺。共进晚餐的时候，他又向李富荣攥了攥拳头，笑了笑，拍了拍李富荣的胸膛。李富荣明白了，那意思说："你赢了，好样的！"

是的，赢了！当然要赢！当一名运动员不赢算什么运动员？要赢世界上一切名手，这来不得半点客气。17岁的小伙子，够狂呵！

这一切，都被别尔切克注意到了。

几天后，还是在这座体育馆，李富荣和别尔切克相遇了。这引起观众极大的兴趣，一个是刚刚击败了哈兰戈索的新秀，一个是匈牙利人民爱戴的名将。观众的心，偏向哪一方呢？

"他就是别尔切克呀！他曾经赢过我国许多著名选手。虽然才比我大6岁，今年也不过23岁，却已经冠盖欧洲，独霸一方了。"李富荣在打量着他：中等身材，健壮隆起的肌肉诉说着他的力量，蓝而泛黄的眼睛掩藏不住内心的桀骜，一头不怎么听话的金发总有那么几缕竖立着，显示出他的倔强、好斗。

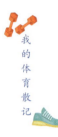

别尔切克也在打量着李富荣。这就是中国不可忽视的后来者呀！行家看门道，别尔切克有着一双独具的慧眼。虽然，他才初次认识李富荣，但在前面几场比赛中，李富荣像磁石一般把他吸住了，他看出了李富荣的潜力。那是一泓潭水，别看水清如许，却不知能有多深呢！刚刚战胜了哈兰戈索，又战胜过全英冠军哈里森，李富荣势头正旺，恰若一把森林之火，虽然刚刚起头，却不可限量啊！别尔切克做好了充足的准备，不能让火烧到自己头上。

这是一场雷与电的交锋，这是一场山和山的对峙，这是一场波连波的冲击……

谁想到呢？裴多菲的后裔不仅有着诗才，也有着将略。别尔切克最后以3∶1战胜了李富荣。

李富荣当场差点没掉出眼泪。

他能服这口气吗？

二

1965年。南斯拉夫，卢布尔亚那。整整6年，手心发痒的6年，他们才再度对阵。"复仇"的心理，几乎是每一个运动员都具备的。谁不想打败曾经打败过自己的对手呢？几百年、几千年流传下来的体育竞赛，陶冶和培养了各个民族、各国运动员这种必胜心、这种荣誉感。

6年，整整6年呀，李富荣总想和别尔切克对阵，战胜他，报布达佩斯的"一箭之仇"。可惜，6年不算短的时光，机会只给了他一次，他还是输了。1960年，匈牙利队访华。在北京，在祖国父老乡亲的众目睽睽之下，又是一个0：2。他觉得那无异于奇耻大辱。

也许，失败更能锻炼一个人，就像物理学上的反作用力。李富荣变得更执拗、倔强了。问题在哪儿？失败逼得人思索起来。对付守球的能力差，攻球的力量弱。找到了，练！只有练！世界给予每一个成功者开辟的道路，都是这样一条：笨而艰苦。成功者的事业从来都是愚人的事业。他向老一辈的运动员学习，王传耀、容国团、杨瑞华、姜永宁……都曾经是他的老师。每天挥动几百次乃至上千次球拍，练的就是这胳膊劲。单调、枯燥，汗落在地板上，摔碎了，碎成多少瓣？就像他抽碎了的乒乓球一样多。仗着年轻，睡一宿觉，第二天清早又来了劲。运动员的生活，可不像运动衫一样色彩纷呈。他都不敢跟家里的亲人诉说这其中的艰苦。他怕妈妈伤心，怕爸爸担心，怕哥哥操心。他只是练。他只想赢！

即使是最普通的训练比赛，他也郑重其事地要伙伴们做裁判员，打满五局，起码也得打满三局。"谁输，谁钻球台！不是横着钻，要竖着钻，距离长！"真要命，还得来点带刺激性的！当然，他不止一次地钻过球台。这不要紧，这不是目的。要紧的是让你最后也钻球台。目的是他最终要独占鳌头。

徐寅生直摇头，对别人讲："我打球，最不愿和李富荣打。

他老缠着你好像怎么也赢不了他似的！"

他真有股子黏劲。

就是平常回到运动员宿舍，或者外出比赛，坐在火车上，闲来无事，打打扑克，下下象棋，只要他一出场，得！气氛立刻紧张，处于临战状态，双方都像凝结成了冰。他非要赢不可！大家看透了他的脾气，也就不和他较真。被他磨得实在没办法了，只好让他一盘，才能鸣锣收兵。否则，他会拽着你一盘接一盘地打下去，打下去。不过，这还不能让他看出来，不然他会不干的，会噘起嘴，一脸云彩，缠着你，重新比个输赢高低。真是没办法，他的大脑皮层的每一个细胞似乎充满的全是比赛，全是胜利！

教练员都喜欢自己的运动员具备这种性格。运动员都害怕自己的对手具有这种性格。

像一块棱角分明的岩石，李富荣是一个性格型的运动员。他不会把秘密隐藏在内心，而准要宣泄在眉宇间。睡觉时，也不会老实呢。每天入睡前，他都是要把自己这副转战南北的球拍放在枕头底下，仿佛怕人偷去似的。有一天晚上，他做梦还在打比赛呢，对手就是别尔切克。他赢了！一分，又一分！一拍，又一拍！赢得解气，扣得过瘾！他好高兴呀，场上不得见，梦中来相逢。"啪！"他不知怎么搞的，竟从枕头底下抄起球拍，一拍打在了睡在他身旁的周兰荪的头上。"哎哟！"疼得周兰荪叫唤着，惊醒了。梦境中，闪烁的也是如醉如痴的胜利光环……

胜利，对于运动员是一面无声的旗帜！

两年后，1961年，在北京举行第26届世界乒乓球锦标赛。李富荣是中国队参加团体赛的运动员之一。别尔切克是匈牙利队参加团体赛的运动员之一。山与山不相见，人与人总相逢。就等着这一天呢。李富荣早就摩拳擦掌准备好了。

　　半决赛时，中匈两队相遇，机会来了。李富荣跃跃欲试，像听见了号角声的战马，一个劲儿地刨开了四蹄，扬起了头，抖动了鬃毛。谁知道，教练员傅其芳并没有叫他上场。他只能坐在一旁，看着伙伴们战胜了别尔切克，心中的滋味毕竟是不一样的。那好比童年时，看见了伙伴们从海边拾来了虎纹贝壳，虽然送给了他一个，但毕竟不如他自己到海边的沙滩上，让海水打湿了裤腿，让海蟹咬破了手指，回到家又挨妈妈一顿骂，可是，他毕竟有了一个自己捡来的贝壳了呀……

　　虽然，这一次比赛，李富荣夺得了男子单打的世界亚军，成为世界第二号种子选手，把别尔切克远远地甩在了他的身后。可是，他并不那么得意。为什么呢？一来，他没能参加团体决赛，连半决赛都没有他的份。二来，他没有能和别尔切克决一雌雄，那"仇尚未报"呀！

　　又过了两年，1963年，在布拉格举行第27届世界乒乓球锦标赛。真遗憾，他又没能参加团体决赛，又没能和别尔切克对阵交锋。阴差阳错，他们两人只是场外时常相遇，却不能在场上挥拍交手。命运是诚心不帮助他，还是在有意磨炼他？他不知道。他只知道自己在比赛前，特意刮干净了脸，准备上阵了。可是，胡子又长出来了，还是没有和别尔切克对阵。呵，一晃，胡子都由

毛茸茸变得硬硬的扎手了。4年前呢，嘴巴上还是光光的。时间啊，对于运动员更为弥足珍贵。体育事业是青春的事业，一个运动员能有几个两年可等啊！他渴望着和别尔切克相逢。此外，随着年龄的增长，他又添上了一个心理的负载：要参加团体赛。一个乒乓球运动员，不用自己的战斗去赢得斯韦思林杯的资格和荣誉，那不是枉当了一名乒乓球运动员了吗？那是乒乓球运动员的珠穆朗玛峰。

这一届比赛，他又获得了男子单打世界亚军。他依然并不十分激动。离开体育馆，穿过门前簇拥着的那么多对他痴迷的捷克男女观众们，坐上回旅馆的大轿车，他心里对自己说："两年以后，我还得干！"车子驶动了，一街灯光闪烁，夜色如海浪，向他尽情扑来……

又一个两年过去了。第28届世界乒乓球锦标赛在南斯拉夫的卢布尔亚那体育馆举行。6年的磨砺啊，时间是一块磨刀石，磨出人的毅力、智慧和本事来。日本的"乒乓皇帝"荻村，西德的"削球机器"绍勒尔……多少名将败在了他的手下呀！如今，他也成为一员赫赫名将了。他的名字具有了世界性，在全球乒乓球迷中传颂。

听听大家给他起的外号，是很有趣的：

国内称他是"拼命三郎"。

法国称他是"好斗的小公鸡"。

南斯拉夫称他是"美男子加轰炸机"。

日本称他是"不是世界冠军的冠军"。

此外，英国伯明翰的华侨曾送他和小将们一面锦旗，上绣四个大字：威震海外。更有意思的是他手中这只有2.5克重的小球竟一下子掠走了那样多如梦如痴南斯拉夫少女的心。她们竟追踪着他，看他比赛，为他欢呼，等他出场，甚至想吻一吻他，想得到他的爱情……

这些，对于他当然是荣耀。可以说，作为一名中国乒乓球运动员，还从来没有像他这样引起如此强烈的轰动。可是，他总有点不满足，这倒也不仅仅是他还没能参加得了团体决赛，也不仅仅他依然是单打的世界亚军，而冠军总是给予了同伴。使他魂牵梦萦，耿耿于怀的是他还没有报6年前输给别尔切克的那两局之"仇"呀！

这一次，他终于如愿了。

他激动得又刮干净了胡子。光光的下巴，已经有些泛青了。他已经23岁了，和6年前别尔切克一般大。不过，他真希望眼前所要发生的一切依然是6年以前。他希望自己永远17岁！还有什么比运动员的年龄更为珍贵的呢？

和日本队争夺团体冠军决赛前夕，李富荣听到徐寅生这样分析："用我比较稳，用周兰荪比较凶，用李富荣又稳又凶！应该让他出场！"徐寅生说话总是这样富于哲理。他自己主动退出了团体决赛。为什么？为了自己吗？不！为了祖国的荣誉。

当傅其芳拍拍他的肩膀，嘱托他上阵时，李富荣的心里油然升起一股崇高的情感。不仅仅是为个人争气，小小的乒乓球连着几亿人的心啊！他开始为自己17岁时的幼稚、冲动和狭隘复仇

的心理，感到羞愧。一时间，他觉得自己成熟了。在他23岁的时候，才刚刚向幼稚的少年时代挥挥手，告别了。

李富荣在他的运动生涯中走上了一个制高点。

他胜利了。中国乒乓球男队胜利了，蝉联团体冠军。中国为他们欢呼。

有着这样的技术和心地，李富荣和别尔切克在单打比赛中相遇了。6年了，难熬的6年，汗水浇注的6年，手心发痒的6年，终于过去了。历史，为他设下了今天的相逢。祖国，拍了拍他的肩头，向他寄予着新的期望。他又站在了墨绿色的球台旁，别尔切克站在他的对面。白白的，布满方格网眼的球网横在他们的中间。上万名观众为他们双方鼓掌。一切，又恍惚回到了6年前……

可是，这毕竟不是6年前了。李富荣终于"复了仇"，取得了胜利。比分富于戏剧性，和六年前一样，也是3：1。只不过双方的数字颠倒了。

李富荣毕竟还年轻。他光顾着胜利的喜悦了，他没有去探测此时此刻别尔切克的内心世界。作为一名运动员，别尔切克同李富荣一样是出类拔萃的。作为一名匈牙利人，他也和李富荣一样燃烧着强烈的民族感情。裴多菲在一百多年前，曾为了自己的民族，用激昂的诗句去战斗，最后挥舞着手中的战旗，牺牲在战场上。裴多菲的后裔们继承了他这种为事业献身的精神。

这奠定了他们两个人的交锋远远没有结束，而以后只会更加激烈。

这一届比赛，正是4月末，春深如海的时节，繁花似锦，碧天白云，一切是那样的美好。当各国运动员依依握手告别的时候，别尔切克走到李富荣的身旁，握握他的手，坚定而充满信心地说："两年以后再见！"

这句普通的礼节性的告别话语意味着什么呢？

三

1979年。朝鲜，平壤。

这中间怎么一下子省略了14年？他们都到哪里去了……

这一年，在平壤举行第35届世界乒乓球锦标赛，别尔切克雄心勃勃。十年河东，十年河西，该是他"复仇"的机会了。

在偌大的体育馆里，中国队练球，李富荣看见别尔切克在观看；中国队比赛，李富荣看见别尔切克在记录。见了面，他们彼此笑笑，老相识了，心里都明白对方的心思。

14年了，他们都变了许多。别尔切克发胖了，脸上的肉松弛了，肚子也微微凸起了。一头金发依然有几绺横竖摇动着，还是那么密，那么多，那么倔强有力。李富荣虽然还是那样短小精悍，高挺的鼻梁，秀气的眼睛，眼角却已经隐隐出现了几道鱼尾纹。严重的胃病把他折腾得更加瘦小。年龄，毫不留情，没有一点回旋余地。岁月，真是严酷的雕塑师，竟倏忽把他们雕刻成这种模样。当年他们叱咤乒坛的雄风威姿哪去了？

14年啊，他们两人都到哪里去了？

他们分别结了婚，有了孩子。青春像只小鸟，扑棱扑棱翅膀，便飞走了。他们枝繁叶茂的体育生涯，掀开了新的一页。

1971年，别尔切克35岁，退出了比赛，挂拍不打了。

1973年，李富荣31岁，也退出了比赛，挂拍不打了。

不打比赛了，心仍系在那墨绿色的球台，白色的球网和那2.5克重的小球上。他们两人都还不忍心就这样告别球坛，像有的运动员一样去经营安乐窝，或像有些人那样去经营买卖。像鸟儿眷恋天空，风帆向往海洋，这个风波迭起、悬念丛生的球场，依然牵惹着他们的心。这是两个有事业心的运动员，他们把青春和爱情都献给了它，他们也愿意把整个的一生献给它。体育竞赛激烈的你争我夺，运动员血管里流动着的是民族的血液，运动员胸前佩戴的是国家的国徽。他们两人分别担任了自己国家的教练员。自己不能上阵了，可以培养下一代运动员，可以把未竟的希望、毕生的夙愿，寄托在他们的身上。这真是一个继往开来的事业，他们都觉得是那样的神圣。

别尔切克及老将西多等培养出了一批匈牙利顶呱呱的运动员：克兰帕尔、盖尔盖伊、约尼尔……

李富荣及其他教练们培养出了一批中国棒棒的运动员：梁戈亮、郭跃华、李振恃……

在这些世界一流运动员的身上，都可以看到他们两人当年的影子。14年中，他们依然在这澎湃喧嚣的球场上！不仅仅是他们两个人交锋了，而是各自率领一批浩荡的人马交锋了。鹿死谁手，来日方长！

这几年，中匈两队几番较量，中国队胜多负少，第33届，第34届，又蝉联两届男子团体冠军。李富荣当然有资格对这位老对手报以胜利者的微笑。

别尔切克老谋深算，斯韦思林杯怎么能总在中国做客？自从1952年匈牙利队夺得过斯韦思林杯后，27年了，奖杯频频易主，再没有光临过匈牙利。作为一名教练员，别尔切克的心常常在膨胀、阵痛。他要指挥自己的运动员，夺回斯韦思林杯，就像将军指挥自己的士兵夺回失去的城池。这成了他的夙愿！

连续两届的胜利，李富荣大意了。他没有及时窥测到别尔切克心底的波澜。27年的失利，激发人一种什么样的精神呵！自古有道：哀兵必胜。几年的探索，别尔切克训练自己的运动员真有股子狠劲。别看他平常不言不语，激动起来，手舞足蹈，脸上的肌肉都在抖动，像一头摇鬃振尾的狮子，凶得很哩。加强攻势！加强防守！尤其是针对中国队发球技术单调、接发球技术不好的弱点，练出一套对付办法和新的发球技术。别尔切克真不愧是别尔切克！厉兵秣马，背水一战了！世界乒坛议论纷纷，舆论界报以极大的兴趣。中匈两队，谁胜谁负，莫衷一是。不少疯狂的球迷们竟压下了赌注。

分组预赛。中国队以2∶5败下阵来。

顿时，舆论哗然。别尔切克额首微笑。李富荣镇静地对大家说："没关系，这几天，先把斯韦思林杯借给匈牙利。决赛时，我们还要夺回来的！"

2015年在苏州世乒赛上，蔡振华为徐寅生、李富荣（左一）颁发中国乒乓球终身成就奖

　　4月30日，决赛在中匈两队进行。别尔切克和李富荣分别坐在挡板外的椅子上。平壤体育馆天棚的顶灯亮闪闪，一起照射在他们的脸上。全场上万名观众热情而专注的眼睛，一起注视着他们两个人。他们俩的眼光都落在比赛场地中央那墨绿色的球台上。那球台静静的，像一泓水波不兴的湖面。用不了几分钟，它将要掀起怎样的冲天巨浪呢？

　　比赛开始了。

　　中国上场的是：梁戈亮、郭跃华、卢启伟。

　　匈牙利上场的是：克兰帕尔、盖尔盖伊、约尼尔。

　　中国队接发球抢攻总不顺手，搓过去的球总是偏高，而造成匈牙利队的一板强攻。别尔切克训练的发球技术奏效了。他们从原来的发短球改为发半长不短球，发不转的球，交替使用，变化多端。几个球失利，中国队越打越被动，竟兵败如山倒，流水一般垮了下来。

　　李富荣焦急如焚，瞪大了眼睛，竟不顾一切，高声叫了起来。

　　别尔切克也激动了，挥舞着手臂，向运动员指挥着。

两位教练员比自己上场还要紧张，比赛正在他们的心上进行，风暴驰过他们的胸膛。

　　结果，中国队以1∶5惨败。

　　别尔切克推开挡板，冲进球场，热烈地拥抱着、亲吻着自己的运动员。花终于开放，星终于闪亮，十多年的苦练成功了，十多年的愿望实现了，别尔切克怎么能不激动呢？

　　李富荣久久没有从长椅上站起来。运动员垂着脑袋，不敢和他火辣辣的眼睛正视。严峻的现实告诉他：这一次胜利让他的老对手夺走了，这真是一块老辣的姜！像一条沉在水底的鱼才游出水面。喘息过后，李富荣忽然想起该向别尔切克表示祝贺，输球不输人嘛！他站起来，不用走进场了。场上已经空无一人，只有那张墨绿色的球台，像一泓刚刚经过暴风雨洗礼后又恢复了平静的湖面，在灯光下静静地闪着刺眼的光亮。别尔切克领着他的运动员，在记者、摄影师的簇拥下，早已经离开球场，回去开怀畅饮庆祝去了。现在，他被冷落了，像一只搁浅在沙滩的小船，只能孤零零去回忆那已经逝去的暴风雨了。李富荣心里骤然袭来一种悲凉的滋味。在运动场上，还有什么比失败更令人伤心、苦恼的呢？

　　这是李富荣最悲惨的一次失败，也是中国队自1959年第25届世界乒乓球锦标赛以来最悲惨的一次失败，中国男队只拿了男女混合双打的半项冠军。看来，谁也不是常胜将军。李富荣苦笑地自嘲道："差点儿没光着屁股回去，只剩下了一条裤衩！"是呀，该怎样回国见江东父老？一位南斯拉夫的记者走到李富荣的

身前，客气地问："请问你对匈牙利这次成绩有什么看法？"

李富荣打量了一下来访的记者，也是40多岁，也是一头金发，怎么那么像别尔切克？莫非是他真的站在了我的面前？嘲笑我吗？呵！不是！不是别尔切克！是陌生的记者！是自己一时的错觉。

李富荣静静心，回答道："匈牙利队是一支世界强队，别尔切克是一位优秀的教练员。他训练有方，他的运动员发挥了速度，争夺了主动。我们的速度没有发挥出来。"

记者又问："中国队什么时候能把奖杯夺回来呢？"

这话正撞在李富荣的伤口上。这叫哪壶不开提哪壶。李富荣真想对他说："什么时候？我恨不得明天就把奖杯夺回来！"可是，他克制住了。毕竟是往40上奔的人了。他学会了忍耐和含蓄，答道："匈牙利队很不容易，用了27年的时间才重新拿到斯韦思林杯。我相信中国队夺回斯韦思林杯绝不需要用27年。"

记者被他机智的回答折服了，微微笑了笑。胜利者，可敬。失败者，可畏呀！

在东道主为各国运动员、教练员举办的告别宴会上，一位熟悉的中国女记者举着酒杯，找到李富荣，想安慰他一下："来，李富荣，干一杯！"李富荣推开酒杯："不，35届输了。要干，等36届赢回来，再干杯吧！"那神情认真、忧郁，又带有自信。

悄悄地，李富荣把一张匈牙利队领取斯韦思林杯的照片夹在自己的日记本里。这是一张什么样的照片呵！像火，灼烤着他的心；像石，重压着他的心。站在最高领奖台上，高高捧着斯韦思林杯的，正是他的老对手别尔切克。看他正春风得意，满头金发摇曳，眼睛眯成了一条缝，在向观众致意呢。克兰帕尔、盖尔盖伊、约尼尔……几名他引以为豪的运动员簇拥在他的四周，像花瓣簇拥着花蕊，像鸡雏围绕着母鸡。呵！照片上也有自己！是站在下面一层的第二名的领奖台上。只能抬头，高高仰视别尔切克和别尔切克手中那闪闪发光的斯韦思林杯……

这绝不是李富荣所能忍受的。

这不是李富荣的性格。

两位驰骋乒坛的老将，此刻的心情迥异。一番新的厮杀争夺在所难免。好戏还在后头呢……

四

李富荣从来没有这样恼怒过。

他"腾"地站起来，在屋子里来回踱步，像一只笼中鹰。从9岁起挥拍厮杀，驰骋乒坛近30年，他没受过这样的侮辱和嘲讽。他的球技、风度和堂堂仪表，处处引来赞赏、羡慕和渴求，赢得鼓掌、目光和心曲。可是，此刻呢？他竟接受这样一副剪成圆形的鞋垫，又脏、又破、又臭。随之附来一封短信，只有一行小字："这是奖给中国乒乓球队的勋章！"

署名："中国人。"

"勋章"？"勋章"在李富荣手中抖动。他使劲一摔，把它

摔在地上，像扣死一个过网球。他心里感到一阵怨恨和委屈。好歹我们还是拿了男子团体亚军回来的呀！怎么？中国乒乓球队就必定所向无敌，永远是世界第一？这太不公平，太苛刻了吧？全国各企业、各事业的单位多了，包括你这一位"中国人"在内，要是把你们的产品，把你们的企业，把你们的单位，也都能搞成世界第二，甭说全国"四化"，连"八化"也实现了！就会说我们！我们成了靶子了⋯⋯

李富荣病倒了。内外交困，他变得易于震怒，运动员们都有些怕他了，说他真凶！他一肚的火不知向谁发泄才好，他一身的劲不知从哪儿使才好！

一条河水遇到岩石的撞击，翻卷起了浪花和急转的漩涡。不过，当河水继续向前流淌，它又恢复了平静。李富荣冷静下来了。他认真思考着。他的桌子上堆放着成百上千封来自全国各地的信，也包括那个鞋垫。为什么大家要写信，要批评，甚至要骂自己呢？难道我希望自己回来了，人们不闻、不理、不问，默默地，悄无声息地，像没那么回事，即使你把天输下来也没人管，大家依旧各干各的事，鸡犬之声相闻，老死不相往来，这样才好吗？不！那样自己会更痛苦！真的，没有什么比别人不理解、不关心自己的事业更为痛苦的了！现在，有这么些信，有这么些滚烫的语言，包括这些尖酸、苛刻、幽默的做法，正说明人民在关心着我们的体育事业呀！人民，再不是一个抽象的概念，而变得可见、可触，具体的，活生生的，出现在李富荣的面前了。李富荣再不是17岁初次和别尔切克交锋时的李富荣了，输赢只是为了个人的面子和荣誉。不！现在他带领着一群小将，代表着整个中国，当然，也代表着那位寄鞋垫来的"中国人"。你没有打好，人家当然可以责问你甚至责骂你！人民呀，这就是人民的权利、义务和力量。连国务院的部长，人民都可以有权质询他们呢！李富荣感到一股子蕴含着的力量。小小乒乓球，连着10亿人的心呀！作为一个中国的教练员，他感到自豪！

李富荣打开了桌上那新寄来的一封封热心的球迷们的来信。一封上海复旦大学大学生寄来的信，开头就是那样风趣，又是那么尖锐："李富荣，你回来了，灰溜溜的……我们骂你了！为什么？爱将不如激将，激将不如骂将呵……"

李富荣冷静了，微微地笑了，心里想：骂将还不如打将呢！要是够得着的话，他还得要打我几巴掌呢！激也好，骂也好，打也好，全国的球迷们只有一个目的：把冠军从别尔切克那里夺回来！全国上下一个心气：让我们的中华民族在世界上堂堂正正竖起一面高扬的旗帜来！

怎么办？拿出行动吧！作为中国乒乓球队总教练的李富荣和其他教练员一起研究好了，从两方面入手：一是认真总结，二是加强训练。

运动员、教练员单调、艰苦的生活开始了。没有一番吃苦的精神，没有一颗赤诚的心，趁早别进体育的大门。

第35届，为什么输给了匈牙利，让别尔切克占了上风？一是不敢打不敢拼，总想保住世界冠军；二是当一个运动员败下阵，不是另一个运动员顶上去，而是往后缩，像传染病一样，都败下

阵来；三是以前的单打比赛，我们的运动员都分别战胜了克兰帕尔、盖尔盖伊、约尼尔，这说明什么？三条归结一条，思想不过硬。从运动心理学上讲，体育运动不仅是生理运动，而首先是心理运动。意志品质是一个运动员、教练员的生命。思想的坚定和坚韧性，是体育运动中一剂医"病"的良方。

技术上呢？我们也该再精益求精，发展创新。别尔切克这回在发球上胜我一筹。作为教练员，他走到我的前头去了。好厉害的老对手哟！一想到这儿，李富荣心中压抑着一股活力，像岩浆在寻找火山的突破口。

练吧！我们运动员的身体素质，比起其他国家也差着一段距离。有人认为我们吃得比外国运动员差。有人说我们先天不足，从小家里生活朴素简单，以后再补养也是补养不上来的。也有人讲我们吃不惯西餐……不管怎么讲，只有加强训练，别无出路。运动员的训练，就像盖楼一层层往上垒砖，就像庄稼一节节往上拔节，就像淬火，就像锻压。这是一幅没有色彩的画面，一首没有变化的乐曲。此时，运动员赢得的不会是掌声、欢呼声和摄影机闪光的镜头，他们收获的只有汗水。

冬天的一个清早，刮起了大风。硬挺着病了的身子，李富荣来到运动员宿舍。门锁着，里面传出酣睡声。这可把李富荣气坏了！每天坚持长跑，这是雷打不动的。为什么不坚持了呢？"咚咚咚"他擂鼓一般擂响了房门。运动员都被叫出了房门，列队站在寒风中。姑娘们没说什么，小伙子的好梦被打搅了，一个个脸上挂着云彩。李富荣更来火了，冲小伙子们叫道："男队给我多加三圈！跑吧！"

有人嘀咕。有人摇头。有人骂。那也得跑！我和你们一起跑！看你们还再睡懒觉、偷懒！

居然有一个运动员不跑了，停在路边。

李富荣走过去："为什么不跑？"

"跑不动。"

"跑不动也得跑！"李富荣发脾气了。

仍然不动。

"你今天给我停训检查！"

长跑完毕，流着一身汗水，吃早饭时，领队沈积长找到李富荣说："你看你，今天不跑步，是我昨晚临时决定，告诉大家的。不怨他们！"

李富荣笑了，是啊，我们的每个运动员也都是好样的！为了夺回斯韦思林杯，他们都曾哭过，发誓过，也曾像自己一样，把匈牙利队领取奖杯的照片贴在日记本上。他们曾把成筐成筐如雪的乒乓球打碎过，他们曾把一滴一滴的汗水抛洒在棕黄的地板上。真是的，自己这个坏脾气哟！

老沈又对他说："你自己也得注意，这几个月不正经吃东西，体重都下降七八斤了。你可千万不能病倒呀！"

李富荣又笑笑："没事！病不倒！"

病不倒？第36届世界乒乓球锦标赛前夕，关键时刻，李富荣真的又一次病倒了，躺在友谊医院里。这一次病得不轻，大夫诊断，怀疑是胃癌……

我的体育散记

别尔切克呢？这些个难熬的日日夜夜，别尔切克在干什么呢？

作为一名运动员，别尔切克是一名出色的运动员；作为一名教练员，他也是一名优秀的教练员，而且是狡猾的教练员。

几个月前，在南斯拉夫举行的国际乒乓球邀请赛上，七项比赛，中国队拿了五项冠军，唯独男子团体和男子单打两项冠军的奖杯，让匈牙利队抱走了。这是两个最关键的、最引人注目的项目呵！这次比赛距第36届比赛只有不到五个月呀。无疑它是大赛前的一场演习，是双方窥测对方的一次心理战。匈牙利队在男子比赛中又占了上风，别尔切克异常兴奋，又隐含忧虑。20余年的交往呵，他深深领教过李富荣的厉害。斯韦思林杯可不是那么容易就能保住的呢！

临分手时，别尔切克握着李富荣的手说："你们打得真不错！明年在这里的第36届比赛，男子团体的冠军一定是你们的了！"

李富荣矜持地笑了，没有讲话。同样地，20余年的交锋，他何尝摸不清别尔切克的脉数呢？老家伙，在麻痹我呢！前些日子，别尔切克听说中国新出了一个秘密武器——蔡振华，这个用两面不同性能海绵的球拍、攻守兼备、以攻为主的运动员，是中国队新起用的小将。老练的别尔切克，有着一双鹰一样锐利的眼睛，早就分析出来了：中国队在即将来临的第36届团体决赛中一定会拿出这张王牌。可是，中国队几次出访欧洲，蔡振华都没有去，急得别尔切克四下打听："蔡振华怎么没有来？"李富荣心里在和他斗法：蔡振华当然没有来，我把他当作重点保护对象呢，让他到时候出奇制胜呢！蔡振华现在来？别尔切克那双眼睛是好惹的吗？把录像带回去，仔细研究一番，我的这发重磅炮弹不就失去威力了吗？让别尔切克去焦急吧！去坐卧不安吧！他时时都在想保住斯韦思林杯，现在却这样轻轻地对我说："36届比赛，男子团体的冠军一定是你们的了！"一定？他会把奖杯拱手相让？这哪里是别尔切克呀？笑话！

一时间，两位教练员心底翻卷起各自的波澜。一个是多瑙河的波澜，一个是黄河长江的波澜。

一个月以前，匈牙利队在南斯拉夫搞了为时10天的集训。这无疑是欧洲盟约国的一次军事演习。正巧，中国队的教练陈宝庆在南斯拉夫协助训练，别尔切克找到他说："我知道李富荣已经胜券在握了。你们中国队，谢赛克是第一号种子，王会元是第二号……"

陈宝庆没有回答他。他在摸底呢。

到底中国队在第36届决赛中准备派谁出场？这正是李富荣和所有教练员、领队苦苦思虑的问题。可是，就是在这关键时刻，李富荣病倒了，而且令人严重不安的是怀疑他患了胃癌！

国家体委召集紧急联席会议。体委副主任荣高棠同志亲自出面，请来北京医院、友谊医院中的几大名医联合为李富荣会诊。

就在这个时候，欧洲风云际会，信息变化无常。传出匈牙利的主力克兰帕尔也病倒在医院，患的是阑尾炎，正在做手术，第36届比赛肯定参加不了。

　　一个中国队的主教练，一个匈牙利队的主力运动员，都住了医院，听从医生的审判。中匈两队真是磨难重重，关山重重。一时悬念四起，引起世界球迷的关注和种种猜测。

　　焦急……

　　等待……

　　第36届比赛迫在眉睫……

　　1981年4月。春暖花开时节，第36届世界乒乓球锦标赛在南斯拉夫揭开了序幕。号称花园之城的诺维萨德开满芬芳四溢的郁金香，迎接着来自五大洲的各国运动员。

　　李富荣来了。名医妙手回春，确诊之后，为他排除了癌症的疑虑。拖着瘦弱的身体，他还是来了。他怎么能不来呢？忍辱含垢，发愤图强，整整两年呢……

　　克兰帕尔也来了。这是别尔切克常用的心理战术。早在第35届比赛前夕，别尔切克就已经施展了一次同样的战术。那次，他放出风声说约尼尔腿不好，不能参加比赛了。实际上呢……

　　是的！他们都不能不来！这一届比赛，寄托着他们的希望、理想和追求！

　　历史竟给予他们这样的机缘和巧合，男子团体决赛又戏剧性地落在中匈两队的身上。4月20日晚上8点，将要在诺维萨德的伏丁伏伊那体育馆拉开战幕。这引起球迷们极大的兴趣，入场券早已被抢购一空。

　　决赛前静得出奇。

　　6点钟，吃完晚饭后，李富荣把自己关在房间里，走啊，走啊，整整走了两个小时。这是漫长而难熬的两个小时，简直像两个世纪。从第35届到今天，两年过去了。如果说那两年的日子不好过，这两个小时的时间就更难过。真是这样的！局外人理解运动员、教练员的苦衷吗？他们身在异国他乡，连同团长、领队，统统加起来，一共才29个人呀。可是，他们将要代表一个10亿人的中国在世界上亮相呀！一个人在祖国广袤大地上不容易体会出来的，或体会不出来的一种神圣的民族感，此刻像涨潮的钱塘江水，一起涌上心头，让你最强烈地感受到了。因为，全世界的眼睛在注视着你！你再不只是一个人，而是"中国"这两个字。此刻，李富荣心中沉甸甸压着的就是这两个字。不能给祖国丢脸！不能失去这次机会！他苦苦等了两年，等的就是这一天！在这两年里，工人、农民可以有产品、有粮食生产出来，我呢？两年只有这马上就要到来的这场比赛！输了，就白吃、白练了！两年颗粒无收，两年产值亏损！这次机会没有了，一辈子不会再来了。乒乓球史上将毫不留情地书写下这悲惨的一笔，那将是无法弥补的！比赛，真是残酷啊……

两个小时终于过去了。比赛马上就要开始了。灯火通明的伏丁伏伊那体育馆骚动了。

匈牙利队将要上场的是三位老将：克兰帕尔、盖尔盖伊、约尼尔。第35届的原班人马。

中国队上场的是三位小将：谢赛克、蔡振华、施之皓。平均年龄不到20岁。

别尔切克显得异常激动，手大幅度地比画着。几位老将也在

做着准备活动，胳膊腿都显得有些紧张。

李富荣也异常激动。到这个时候了，蔡振华还在捣鼓他的球拍，仿佛海绵粘得不牢似的。施之皓那样拘谨，仿佛是要上轿的新娘子。谢赛克呢，一趟一趟，没完没了地上厕所。李富荣看在眼里就不舒服。不是好征兆！他劈头先责问谢赛克："你怎么回事？这么多尿？"

不要责怪别人吧！每一个上场的和不上场的运动员、教练员，心中都不平静呀！

比赛开始。运动员上场了，像鸟儿从各自的林子里飞出，亮开了翅膀。

第一场：施之皓对约尼尔。先行失利，0：2丢一分。

匈牙利队士气高涨。别尔切克神采飞扬，拍拍刚刚下场的约尼尔，又对将要上场的克兰帕尔面授机宜。开门红，先有了底气。

李富荣的眼睛瞪大了。怎么搞的？三名运动员只有施之皓参加过世界锦标赛，这两年中和约尼尔相逢，两战两胜，从未输过呀。今天怎么打得这么糟？

第二场：蔡振华对克兰帕尔。糟糕！小蔡头一个球就发在网下，弹了弹，滚落在自己的台上。太紧张了！

别尔切克双手抱肩，眼睛眯缝着。

李富荣恨不得站起来，大声冲小蔡喊：冷静！他没有喊。自己先冷静下来吧！手心里全是汗。

很快，小蔡恢复了常态。发球抢冲。正手连续冲。反手相持后侧身抢冲……好！21：16，21：10，2：0战胜匈牙利的王牌克兰帕尔。

　　第三场：谢赛克对盖尔盖伊。也是叫人心提到嗓子眼。1：1平局，第三局，小谢以19：20落后。再输一个球，中国队就要丢掉一分。小谢真不错，上场前还慌张呢，现在倒镇静了，一记重扣，落地生花，扳回一分，20：20。紧接着又一鼓作气，连夺两分。胜了！

　　第四、第五场打成了3：2。

　　第六场：蔡振华对盖尔盖伊。这是举足轻重的一场球。如果小蔡胜，中国队则以4：2领先，为最后夺冠铺平道路。如果小蔡败，则3：3平，又会出现危险的僵持。别尔切克和李富荣都紧张起来，不顾一切，从椅子上站了起来，全场的气氛也炽热起来。

　　小小银球飞舞着。双方各胜一局。第三局，小蔡和盖尔盖伊都打出了水平。两人都知道，此刻，在他们各自的身上都落着李富荣和别尔切克的灼热目光。15：15，第六次平局。比分一直犬牙交错。别尔切克和李富荣都在场外嚷嚷开了。别尔切克使劲挥舞着手臂。李富荣瞪大了眼珠子。小小的球场沸腾了。

　　小蔡略微静静心，把球在手里掂了掂，一鼓作气，长驱直入，连得六分，终于赢得了胜利。"中国！中国！"欢呼声响彻整个体育馆。

　　第七场：谢赛克对克兰帕尔。谢赛克先负一局。别尔切克急迫地把克兰帕尔叫到一边，抓住他的胳膊，嘴唇上下迅速启动，一头金发四下摇晃，比比画画，激动地讲着。这是对他最关键的一场了！如果克兰帕尔输了，斯韦思林杯就让中国队抱走了。现

在还好，谢赛克先负一局，希望又燃起一星火苗！

李富荣早把椅子推在一边，大手紧攥着，手心和后背都已经汗淋淋了。成败在此一举。两年的心血在此一举。全国无数热心的球迷们正坐在收音机旁听着这最后的消息！

不必再赘笔叙述这场动人心魄的比赛了，因为毕竟是已经过去的暴风雨了。重要的是我们终于把斯韦思林杯夺回。当最后一个球滚落在克兰帕尔的台下，谢赛克以2∶1夺得最后一局时，李富荣推开挡板，一把搂住了谢赛克。好一个谢赛克呀，每赛必克，你爸爸给你起的好名字！

摄影记者跑过来了，要为李富荣和伙伴们拍张照片。不行，没法拍。李富荣激动得眼睛凸出来，还没有恢复原状呢。中国队的运动员、教练员都开怀大笑了……

乐曲奏响了。李富荣站在高高的领奖台上，捧起了那分别了两年的斯韦思林杯。梁戈亮为这激动人心的壮观场面拍摄了一张饶有趣味的照片。别尔切克领着他的运动员站在下一层第二名的领奖台上，他的几名得意的运动员都在神情恍惚地望着他。他呢，没有注意到自己运动员的目光，而是侧过身子，望着高处李富荣高举的斯韦思林杯。谁能想得出，此刻别尔切克心里翻腾的是什么呢？

激动的余波久久没有散去。当谢赛克回到旅馆，热情的南斯拉夫的朋友特意做了一个精致的大蛋糕，上面用奶油浇上了热情的祝辞。他们非要让谢赛克切第一刀，先吃第一口，而且非要让他把上面那奶油祝辞吃掉……蔡振华走进旅馆，找到了连失两局、正伏在床上的施之皓，真诚地安慰他……中国队的其他教练员、运动员被南斯拉夫的球迷们簇拥着，纷纷要求签名留念……

两年前曾经在平壤采访过李富荣的那位南斯拉夫记者走到李富荣身边。李富荣认出了他。他请李富荣去参加已经布置好的记者招待会。李富荣笑笑，款步随他走去。

记者一边走，一边对李富荣说："你在平壤讲的话实现了！我向你祝贺！"

"谢谢！"李富荣抑制着内心的激动，尽量平静地回答。

在招待会上，李富荣又碰见了两年前在平壤遇到的那位女记者。他忽然记起了两年前许下的愿，斟满一杯酒，对她说："今天，我们来干一杯！"

4月28日，第36届世乒赛闭幕了。中国队囊括比赛的七项冠军，开创世界乒乓球比赛史无前例的纪录。就要载誉而归，告别诺维萨德这座开满鲜花的城市了，李富荣和别尔切克这两位老对手站在了一起。22年的交锋，有几多拼杀，有几多斗智，也有几多友情呢。世界上是谁发明的体育竞赛？它能激发人们这样多的民族感、自豪感，又能培植起这样深厚的人类共同的真挚友情？一时间，李富荣的心中荡漾起涟漪般的柔情。

"在平壤看你不高兴，也不大讲话，现在你高兴了！"别尔切克先说话了。

李富荣笑了笑，说："谁都有高兴的时候，也有过伤心的时候。"

别尔切克爽朗地笑了："真是这样的，这次我们输了，我就

很伤心！你们的谢赛克打得最好，他是最好的运动员……"

他们互相评论起各自的运动员了。那是他们青春的延续，希望的伸展，生命的反光……

说着说着，别尔切克忽然扯起了家常。他问："我有一个孩子了。你呢？"

"我有两个小男孩！"

"好！"

好什么呢？又是继续较量的小运动员吗？

别尔切克非常动情地说："你们中国大概还是政治第一吧，我是不问政治的，一辈子就想搞乒乓球，我现在日子过得不错，有一座别墅，两栋房，还有一辆小汽车。以后有机会到我家去做客吧。我老婆很会做菜呢……"

李富荣感动了："有机会一定去！你来我们中国吧，看一看，也许和你想象的不大一样呢。怎么样？你要来，我回国后马上给你发邀请信……"

分手了。22年来，他们两个人有过多少次握手、分手呀？现在，他们再一次握握手，分手了，再一次彼此用珍重而又满怀信心、充满友情挑战的口吻道一句："两年以后，37届再见！"

好一个裴多菲的后裔！

好一个黄河长江的子孙！

整个诺维萨德正弥漫着浓郁的郁金花香……

五

两年之后，东京的花事正盛。他们又在第37届世界乒乓球锦标赛中相见了。

由于克兰帕尔没能参加比赛，匈牙利队的实力受到影响，在半决赛中以0：5负于中国队。当人们为中国队的胜利鼓掌时，别尔切克站了起来，向李富荣走去。作为一名优秀的教练，他正视自己的失利，知道体育比赛的道路从来都是崎岖不平的。他握住李富荣的手，脸上露出由衷的微笑："祝贺你们！你们太强了！"

李富荣也紧握着别尔切克的手。24年来，几度球场厮杀，多少次场下握手，他深深佩服这个匈牙利人。两个人都夺得过胜利，也都经历过失败；乒乓球比赛的全部滋味，他们几乎尝遍了。因此，他知道别尔切克现在的心情。"克兰帕尔没来，你们的实力受了很大影响。如果他来的话，我们之间的比赛是有得打的，结果也许不会是这样。"

李富荣的话不仅是谦逊，也不仅是对败阵对手的安慰，这是他对情况的实际估计。

输了，咽下失败的苦酒，准备下一番较量，这才是大将风度。别尔切克是不会服输的，李富荣通过观察，深深地知道这位老对手、老朋友。比赛的最后两天，匈牙利队已没有比赛，可别尔切克却一点也没有闲着，凡是有中国队比赛的场次，不管是男

子还是女子，也无论是中国运动员对外国运动员，还是中国运动员自己对阵，他总是戴着一副墨镜，坐在那里聚精会神地观看，仿佛在看匈牙利队的比赛，在看自己的队员同中国运动员交锋。

他看出了什么？也许他发现了中国队的弱点，在脑子里又形成了下届再战时方案的雏形。这个匈牙利人啊，他在绞尽脑汁。

中国乒乓球队经历了比上一届更大的风险，终于，除去男子双打之外，获得了六项冠军，又一次取得重大的胜利。

作为总教练的李富荣，此时的心情是非常不平静的。回国以后，他的工作将有所改变，不只领导一支乒乓球队了。这一届比赛，也许将是他最后一次作为教练员参加的世界锦标赛。像一匹久经沙场的老马，他留恋这没有炮火硝烟的战斗。

别尔切克的消息真灵。那天，他找到李富荣，问："听说这次比赛以后，你不再当教练了？"接着，他竖起大拇指向上翘着比画，那意思是你要"高升"了。

李富荣微笑着摇头否认。

别尔切克连声说："NO！NO！"并用手指着自己的耳朵，表示已经听说了。

李富荣不禁哈哈大笑，一再说："没有，没有。"

虽然是这样，但两个人心里都清楚，作为对等的对手在比赛中交锋的日子已经过去了。然而，他们谁也不会忘记对方。一股惜别之情油然涌上了两个人的心头……

李富荣、别尔切克，这两个名字将载入世界乒乓球运动的史册。

辑三

我们便身在天堂

伦敦奥运会已经过去好久了，但那一届奥运会开幕式和闭幕式上的歌声，比圣火的点燃和熄灭还要让我难忘。

不知为什么，在奥运会开幕式和闭幕式上听到的歌声，和在音乐厅里听到的，感觉完全不同。其实，从音响效果上讲，奥运会赛场上远远赶不上音乐厅。但是，无论身在其中，还是坐在电视机前，我总是听得非常的感动，甚至激动。记得20多年前的巴塞罗那奥运会的闭幕式上，我坐在体育场内，听到卡雷拉斯和莎拉·布莱曼合唱一曲，特别是看到他们在自己的歌声随圣火渐渐熄灭而终止后激动地拥抱在一起的时候，我忍不住流下了眼泪。后来，在巴塞罗那，我特意买了一盘闭幕式现场录音的CD，但是，拿回家放进音响里再听，满不是一回事，再无法听出当时的感觉。或许，这就是奥运会的魅力吧，它能让比赛精彩绝伦，也能让音乐焕发出另一种无法再生的韵味。

伦敦奥运会闭幕式，歌声占据了绝对的主角，简直成为一个简版英国摇滚史一样的专场音乐会，是历届奥运会都没有出现过

2012年伦敦奥运会闭幕式

的奇迹。其中，有一个68岁的老歌手叫雷·戴维斯，是英国老牌
"奇想乐队"的主唱。他唱了一首《日落滑铁卢》的老歌，唱得
非常幽婉抒情，其中有一句："只要注视着滑铁卢的落日，我们
便身在天堂。"那种真切却又格外珍惜的感情，真的很动人。很
久，很久，我的耳畔都在回荡着这句唱词和它的旋律。

　　滑铁卢是伦敦一座有名的桥，是电影《魂断蓝桥》里说的那
座蓝桥。是因为它的历史、它的故事，让它的落日不同寻常又韵
味悠然吗？我在想，其实，那不过是伦敦的一座古桥而已，就像
我们北京天安门的金水桥，或者天津海河上的解放桥一样的吧。
我又在想，我们何曾注视过金水桥或解放桥的落日，然后能够感
动得觉得自己便身在天堂呢？起码我自己，无论年轻的时候，还
是后来的悠悠岁月里，无数次经过金水桥和解放桥，无数次看
过荡漾在金水河和海河水里的落日，但是，我没有一次体会到

雷·戴维斯唱到的"我们便身在天堂"的感觉。

是的，天堂是一种感觉，而不是一个如教堂、如饭堂、如酒店、如别墅，或者像博尔赫斯所幻想的如图书馆一样的实体。天堂不是为了满足我们物欲要求的地方，也不是安放我们死后的身体并能够让我们灵魂升天的地方。天堂只是抚慰我们精神、栖息我们感觉的地方。你感觉到它了，它便存在；你感觉不到它，它便不存在。如今，在强大的物欲横流的冲击下，身为物役的我们，感觉已经迟钝，感觉远远赶不上对于金钱和权力的嗅觉、对于美食和美女的味觉、对于古瓷和古画的触觉、对于豪车和豪宅的感觉，来得灵敏。

我们也可能会想起看看落日，但一般更乐于到长江黄河边看那长河落日圆，或到大西洋边看那半洋瑟瑟半洋红。我们更注重那背景，那情调，那新买的新款单反相机拍下的照片的效果和回味的说辞。我们常常忽略掉身边的常见易见的事物，便也就常常容易从金水桥或解放桥旁边走过视而不见，那曾经无数次灿烂而动人的落日，可以让我们感动得觉得那一刻"我们便身在天堂"，便也就无数次的失之交臂。说到底，我们对于天堂的要求过于实际，或者过于奢侈，不像雷·戴维斯唱的那样简单，简单得如同一个孩子得到了一支棒棒糖或一个氢气球，就可以欢蹦乱跳，将发自心底的笑声飞迸而出，变为美丽的歌声。

是奥运会将雷·戴维斯的一首老歌点石成金，仿佛一位青春二度的妇人，重新焕发出蓬勃的魅力和活力、朝气和生气。我想，如果没有奥运会的背景，没有圣火随着美好而渐渐熄灭，雷·戴维斯的歌声会被我们忽视，甚至擦肩而过素不相识。雷·戴维斯的《日落滑铁卢》和奥运会的圣火，一起升起，又一起消逝，更一起燃烧并灼伤我的心头。

是的，没有奥运会，雷·戴维斯的这首歌，便只会是一首好听的歌，甚至是一首普通的歌。有了奥运会，这首歌才让我如此感动和激动，以至难忘。因为，短短几十天时间的奥运会上所展示的那种至善至美至高至强的境界，正是包括音乐所要表达和渴望实现的理想，这便也是人类的理想。应该感谢上天创造了奥林匹克运动，它让体育和艺术成为人类理想飞翔的一对最曼妙无比的翅膀。没错，奥运会就是我们理想的天堂。我们参与了奥运会，不管是参加了比赛，还是观看了比赛，还是服务了比赛，我们便身在天堂。

向往奥运

　　2001年7月13日，对于中国，对于北京，真是个特殊的日子。前两天，就有记者问我，如果这一天在莫斯科的投票我们胜出了，终于获得了2008年奥运会的举办权，你的心情会怎样？我说我当然会很高兴，很激动。如今，好梦成真，我真的很高兴，很激动。其中的原因，除了有我和大家共同的感情之外，还有一点，就是我当过整整10年的体育记者，我曾经采访过1992年巴塞罗那奥运会，和体育、和奥运会有着一份特殊的感情。我亲身体味到，一个国家，一座城市，能够举办一届奥运会，该是一件多么了不起的事情。

　　我很难忘记巴塞罗那奥运会结束的那一天的夜晚，走出蒙椎克体育场，沿着蜿蜒的山路下山，来到蒙椎克山脚那巨大的喷水池旁，看水花四溅，飞扬起冲天的水柱，在夜灯映照中流光溢彩。我猛然听到随水柱飞扬起奥运会嘹亮的会歌旋律，真是感动不已，忽然觉得那一瞬间旋律如水般清澈圣洁，沁透心脾。我知道那是只有体育才能迸发出的旋律，是体育才具有的魅力，是体育才能给予我的情感。我发现几乎所有的人都和我一样，在那飞进的泉水和旋律面前停住了脚步，禁不住抬起头来望着那透明的水柱和星光灿烂的夜空。我的心中产生一种从来没有过的感觉：一个国家、一座城市能够举办一届奥运会，会使得这个国家、这座城市和这里的人民变得多么美好。那一刻你就会明白，体育不

1992年巴塞罗那奥运会闭幕式的烟火表演

仅仅是体育，它以自身特殊的魅力影响着一切。

人们常说竞技体育是一种艺术。竞技体育，确实含有艺术的成分，比如它的力与美、速度和造型。体育和艺术表演的最大区别之一，在于体育比赛的紧张、激烈。当然，艺术也有比赛，如歌咏比赛、舞蹈比赛、钢琴比赛，但艺术的比赛是无法同体育比赛等量齐观的，只有体育比赛的锱铢必较，在零点零几秒和零点零几厘米中决胜负，才具有难得的公正性、公开性、公平性和客观性。竞技体育是面对世界所存在的种种强权、种族歧视和金钱掩盖下的不公平的一种抗争，一种理想。

能够置身于奥运会之中，能够亲自采访奥运会，确实是一种难忘而美好的经历。在电视里看到萨马兰奇宣布2008年奥运会的举办城市是北京的时候，心底里蓦地涌出一种渴望，我渴望能够有机会采访我们自己的国家举办的奥运会，那将是一次更加难忘而美好的经历。从巴塞罗那回来，我写了一本小书《巴塞罗那之夏》。在熟悉的北京采访自己国家举办的奥运会，我想会带给我不一样的激情和灵感，写出一点新的东西。我突然涌出这样强烈的渴望，这是很少出现过的。

这时，我想起了曾经采访过的瓦尔德内尔和刘国梁，邓亚萍和玄静和、李宁和李小双，高敏和伏明霞，栾菊杰和肖爱华，还有我国男子花剑三剑客叶冲、董兆致、王海滨，当然，还有我们的女足和女垒的姑娘们，还有布勃卡、德弗斯、刘易斯、埃文斯、索托马约尔、奥蒂、吉普凯特、莫塞利……我怀念采访他们的那些日子，他们让我感到了青春，感到了力量，感到了友谊，感到了和平。我知道2008年北京奥运会到来的时候，他们和我一样都老了，但我仍然渴望着在采访新一代年轻的运动员的同时和他们相逢。我们会一起看到青春的循环连接着奥运的五环，让这个已经越发苍老的地球迸发着勃勃的朝气。在那一刻，体育所迸发的奥林匹克精神，确实在超越着不同的国家、不同的民族、不同的肤色而连接着世界的和平、友谊、进步和发展。

　　记得很清楚，在巴塞罗那奥运会结束的第二天上午，我特意又上了一趟蒙椎克山，专门去看看体育场，看看曾经举行奥运会开幕式、闭幕式和许多次比赛的体育场。除了正在拆除看台上为奥运会搭设的一些脚手架的工人之外，空荡荡的只有我一个游人和热辣辣的阳光以及一片绿草坪。那时，我们正在积极申请举办2000年奥运会，站在那里我就在想，快了，快到我们国家也能够承办这样一次美好奥运会的时候了。

　　这一天终于到来了。

北京冬奥会畅想曲

　　2022年冬奥会申办有四座城市，最终花落北京。北京申办冬奥会的成功，让我对北京冬奥会增添一份想象和畅想。在当体育记者的10年时间里，我曾经采访过世界不少运动会，唯独没有采访过冬奥会，这成为一生的憾事。记得前两年的索契冬奥会，我在电视上从头看到尾，算是弥补，却也无形中增添了对冬奥会的向往。心中暗想，我采访过夏季奥运会，却没有采访过冬奥会，和北京举办过夏季奥运会却没有举办过冬奥会，那一份的心情渴望，是一样的。其实，我知道，这样的心情渴望，所有的体育迷，都是一样的。

　　坦率讲，北京2022年冬奥会，如果和当初申办的其他三座城市比，自有其长处，却也有自己无可讳言的弱处。冬季雾霾和少雪，是其中赫然醒目的两条下划线。雾霾，会影响比赛，更会影响电视转播；少雪则更要命，正如夏季奥运会需要阳光一样，冬奥会需要冰雪。夏季奥运会即使没有阳光而下起了雨，比赛依然可以在室外进行，但冰雪却是冬奥会绝对不可缺少的主角。当

然，可以在室内，也
可以人工造雪，索契
此次冬奥会也人工造
了大量的雪。只是北京去年冬至今年开春，只下了一场并不大的
雪，以这样微弱的雪来办以冰雪为主角的冬奥会，会成为对北京
最大的考验。

2019年备战北京冬奥会冰球国际训练营首日赛况

　　但是，这也会成为北京最大的机会。冬奥会的申办，会如
2008年夏季奥运会的申办时一样，举全国之力，动全民之心，会
促使北京并连带北京周边变一个崭新的模样。而这一点，恰恰是
其他几座城市甚至他们国家所没有的力量。在距离2022年还有几
年的时间里，将一个少雪而多雾霾的北京，变成一个少雾霾而多
雪的城市，让我充满期待。

　　这将是以奥运会（而且是两次奥运会）的申办过程而改变
一座城市面貌的传奇，这将是一个超越奥林匹克精神的神话般的
期待。可以想象，因冬奥会而让北京能够重新温习曾经拥有过的
"燕山雪花大如席"的盛景，该是何等壮观的景象。记得诗人昌
耀曾经有这样的一句诗："无雪的冬天，是冬之赝品。"冬奥
会，让北京不再是冬之赝品，让冬天不仅成为冬奥会的冬天，也
成为北京人真正的冬天，是曾经难忘的出现在老舍和林海音笔下
的北京的冬天。

　　是的，这将不仅仅属于幻想和畅想。除了北京城为申办冬奥
会的自身改造和努力之外，此次申办冬奥会的北京还连带着张家
口，长城之外塞外的风雪，会助北京一臂之力，和北京一起生出

飞天的双翼，正如夏季奥运会北京没有海，海上的项目比赛，借助于青岛一样。更何况，北京还有延庆，那里也不缺少冰雪，每年一届的延庆冰灯节，还会为冬奥会锦上添花。同时，以北京今天的能力，在城内建造世界级的室内冰雪比赛馆，应该是没有任何问题的。那样的话，便可以将2008年夏季奥运会曾经用过的赛馆，重新改造启用，这是极其符合奥运精神的，是一座城市举办夏冬两季奥运会的成功范例。

况且，北京从来都不缺少好客而又懂体育的几近疯狂的体育迷。他们已经证明，是夏季奥运会光彩夺目的参与者和建设者，那么，在冬奥会上，他们肯定会成为和冰雪以及场馆一样的主角与知音。如果冬奥会能够在北京举办，他们将不再是仅仅活跃在自己的电视屏幕前，也不再是仅仅活跃在小小游戏版的什刹海、北海的冰场，或延庆昌平的滑雪场上去浅尝辄止，而可以参与到整个冬奥会的狂欢之中。

让历史中的一届冬奥会移师北京，是北京的一次机遇，也是冬奥会的一次机遇。它可以让冬奥会见识一座城市的面貌变脸一般的传奇；见识一届冬奥会的金牌成色和一座城市的体育迷的精神相互融合的盛况；还可以见识一座古都中的辉煌无比的皇家宫殿、寺庙、御花园和万里长城，是如何让一届冬奥会变得如此曼妙而神奇地在历史与现实中穿行。不敢说这将是一届绝无仅有的冬奥会，却是一届值得期待和畅想的冬奥会。

2022年，北京冬奥会，马上就要来了！

我们为什么需要一个奥运会

北京2008年奥运会，那样的日子，即使过去了很多年，但让体育和奥运会以及奥林匹克和我们的关系，再也没有比那时和我们每一个中国人更密切和贴近了。除了兴奋和激动之外，我们是否考虑过体育、奥运会和奥林匹克是一回事吗，它们之间是什么关系，我们又应该和它们形成一种什么关系，才能促进体育运动和奥运会自身的发展，才能发扬奥林匹克精神的精髓，而不将它们只看成单一的赛事或活动，而不把奥运会举办的成功仅仅看成一种骄傲的胜利、激情的洋溢，或金牌的第一?

在我看来，人类是先创造了体育，后有奥林匹克精神，然后才有了顾拜旦先生创始的现代奥运会。探索一下体育自身的本义，也许是十分有意义的，会有助于我们认识体育自身，认识体育和奥运会和奥林匹克精神的关系，而真正将2008年的北京奥运会办成一次人文的奥运会。

人们常说体育是一种艺术。体育，确实含有艺术的成分，比如它的力与美、速度和造型。在古代奥运会上，体育的比赛

和戏剧的演出是同时进行的，而且群众可以参与，成为赛场上的运动员和舞台上的演员，而尽情地狂欢。但体育后来的发展，已经远远地超越了艺术。体育和艺术的最大区别之一，在于体育不仅是表演，而始终是比赛着的，没有比赛，便没有了体育。

体育的公正性，人们看得见摸得着，虽不尽善尽美，却在体育场内一目了然。现实中越来越多的以权谋私、营私舞弊、分配不均，以至更多的见多不怪的种种法规不健全、弹性十足、公说公有理婆说婆有理、公器私用往法规里掺私货……——在体育面前相形见绌。

体育的公开性，使得一切都在众目睽睽之下，观众用嘴巴尽情欢呼的同时，也在用眼睛不揉一点沙子地将一切观看得须眉毕现。隐秘的历史、暗藏的阴谋、私下的交易、秘密的出卖……所有不能够抖落在光天化日之下的东西，都在体育面前无地自容。

体育的公平性，哪怕小数点后面的几位数字，都可以分得一清二楚而立刻分辨出谁跑得更快、谁跳得更高、谁举得更重，而毋庸置疑地定出英雄，那些越来越含混不清的人际关系，越来越有恃无恐的后门、权势、金钱、美色、血统等一切可以买动而使得公平的天平倾斜的东西，在体育面前打不起一点分量。

我们就明白了，人类为什么需要体育并创造了体育？我们为什么需要并创造了一个奥运会？那就是因为我们希望在运动

2016年里约奥运会开幕式，中国代表团入场

场上去建造这样一块绿洲，同客观世界中越来越非理想和非理性的成分作一番漫长而坚定的较量。当然，体育也曾经被金钱、毒品、性、违禁药品、暴力、黑哨……所腐蚀，将人心扭曲、将人性沦陷、将理智悖理，企图将体育这块绿洲沙化。但这一切并不是体育自身所带给我们的，而恰恰是我们人类自身的堕落和异化，而污染了体育这块本来应该洁净的绿洲。体育、奥运会、奥林匹克精神，三位一体，正是为了彰显体育的力量，张扬奥林匹克的理想。更高更快更强，是对体育自身提出的要求，同时也是对人类自身的一种挑战、一种渴望、一种救赎、一种追求。

从某种意义上说，正是在体育和我们人类自身的较量中，对不断物化不断堕落的人类希望清洗自身、超越自身的理想寄托上，体育才成为这个世界上唯一不用翻译，不同种族不同国

家的所有人都能懂得的语言，奥运会才成为全世界盛大的节日，奥林匹克运动才成为这个世界上的泛宗教，奥林匹克精神才成为人们的一种伟大理想的寄托。同一个世界，同一个梦想，此届北京奥运会的呼唤，才不仅仅是一个口号，而有了明确的指向，成为我们共同的心声。

　　一个国家、一座城市能够举办一次奥运会，该是一件多么美好的事情。它的意义远远胜过金牌本身，而在于体育的魅力，在于奥林匹克的精神渗透进我们的国家、我们的城市和我们的生活之中。体育和奥林匹克的美好，在那一刻带动得我们一起变得美好起来。

奥运会给予我们的馈赠

圣火熄灭，北京奥运会落幕了。它留给我们无数美好的回忆，将镌刻在历史闪光的册页里。同时，它留给我们的财富是什么？这几乎成为所有中国人需要面对和思考的问题。

是那些壮美的体育场馆、漂亮的运动员村、美丽市容、畅顺的交通，或是越来越蓝且污染减少的天空等外观光彩照人的一切吗？是我们收获第一的那些熠熠耀眼的累累金牌吗？是30多次被频频打破的世界纪录而创造的奥运会史之最吗？……是，但又不完全是。它留下来的财富，比这一切更珍贵，那是一种属于奥林匹克的精神赠品，就像当年古希腊国王伊利斯得到太阳神阿波罗的精神馈赠——举办一次奥林匹亚的体育赛会一样；就像那时从奥林匹亚山上取下圣火，点燃投入新生活神谕一般富有寓意的启迪；就像从雅典娜神庙旁摘下橄榄枝，作为比赛胜利者的精神奖励。

是的，成功举办北京奥运会，是全世界给予我们的一份厚重的奖励，也留给我们一份富有精神营养的启迪。

奥林匹克精神，首先是一种理想，奥林匹克宪章明确指出："以友谊、团结和公平的精神互相了解的体育活动，来建立一个和平的更美好的世界。"而这样一种美好而伟大的理想彼岸，是需要超越不同国家、不同文化、不同民族、不同宗教、不同信仰，是需要通过公平竞争、平等机会、和平友谊、团结协作，才能够抵达的。奥运会给予我们这样一次机会，让我们不仅仅拥有了一次向世界展示中华民族的能力、为现代奥林匹克做出贡献的机会，也让我们的北京有了一个和世界相互沟通和理解的途径和平台。

我们的国家在经济长足发展的时候，需要这样的沟通和理解，和谐和平等，友谊和团结，和平和公平竞争。奥运会的普世性，创造了这样一个文化氛围、精神境界和交流语境，让世界通过奥运会认识我们，理解我们；也让我们通过奥运会认知体育，融入世界大家庭，以我们的姿态和胸怀以及努力，接近这一全世界共同的理想。在经济利益至上、权钱交易腐败，而鄙薄崇高、淡薄理想的现实生活里，奥运会让我们仰望圣火燃烧时刻，看到了世界的广阔，看到世界不同民族神奇的想象力和创造力，看到全世界人民对这一理想的奋斗，我们深切地感受到理想的美好和重塑我们民族理想精神的重要。

奥林匹克运动也是一种教育，它以品技兼优的运动员（我国和世界各国多少这样的优秀运动员，如我国的体操全能王杨威、改写中国帆船史的第一枚帆板金牌获得者殷剑、新的世界纪录创造者女子举重冠军刘春红等；如勇夺8枚金牌创造奥运会奇迹的

2008年8月8日北京奥运会开幕式上燃放的烟花

美国飞鱼菲尔普斯，男子100米、200米双冠王并双双打破世界纪录的牙买加神奇小子博尔特，两次试跳失败最后一次试跳改写新的世界纪录的乌克兰撑竿跳女皇伊辛巴耶娃等）为榜样，以群众性参与（仅一场中美女排的小组赛就有几亿人观看）为呼应，创造了为人们喜闻乐见的经典体育教育模式。北京奥运会给予了我们这样的一次普及的教育机会，以一个民主得任何人都可以介入、平等得任何人都会欢迎、通俗得任何人都能接受的方式，让这种教育在润物细无声的潜移默化之中，水滴石穿，开花结果，其意义是深远而不可估量的。

其意义首先体现于现代奥林匹克运动的创始人顾拜旦先生早就提出过的：人的身心协调和全面发展，建立完整而健康的现代人格，而这正是奥林匹克主义的基本目标。这一目标，实际也是

马克思早就说过的体力与智力的总和，是人的肉体与精神的统一全面发展的理想境界。

北京奥运会给予我们的这一笔精神财富，不仅有利于改革我们举国办竞技体育的精英模式，同时有利于我们从奥运会的成功之中分享全民体育的健康和快乐的果实，从而加强全民健身，锻炼一代新人的健康体魄。在后奥运会时代，我们会借北京奥运会的成功举办之东风，有计划地将那些奥运场馆和体育设施惠及普通百姓，让群众多了一些锻炼健身的去处，同时更会以北京奥运会的成功举办为契机，直接参与我们的国民精神和现代人格的改造和建设，这对于我们建设一个现代化的强国，立足于世界民族之林，该是多么的适时和重要。

奥林匹克运动所提出的更高更快更强，不仅指体育比赛，更是人类进步所追求的目标和理想。北京奥运会留给我们的精神财富，滋养着我们，也要求我们，为达到这一目标，实现这一理想，应该做得更高更快更强！

奥运与金牌的断想

一

每一届的奥运会开赛之前，金牌的猜测，就成为一个热门话题。金牌排行榜，更是各家报纸和电视节目的醒目栏目。对于金牌的议论和热衷，是历次奥运会普遍澎湃的心电图。

其实，这没有什么，就像孩童游戏前攥着小拳头，蹦着高地嚷嚷，你说他赢，我说你赢一样，本来只为增添一点比赛的气氛。只是我国不同，金牌是我们的兴奋点，踩着金牌的尾巴，整个奥运会的头都会动，即使如今我开始批判中国的唯金牌论，甚至还和大国论扯上了。

当然，这是对的，我们以往确实将金牌和政治绑得太紧，然后，又和经济密切挂钩，一块金牌，无可奈何地被膨胀，被变形，可以如艾冬梅一样落魄时拍卖奖牌，也可以如王涛一样荣升为将军。内容丰富精彩的奥运会，删繁就简只剩下了金牌。

不过，话又说回来了，奥运会没有金牌行吗？激烈的比赛之

2012年，孙杨夺得伦敦奥运会男子400米自由泳金牌，这是伦敦奥运会中国第三块金牌，同时也是中国男子游泳项目中的第一块金牌

后，一锅糊涂没有豆儿，光剩下了好玩和友谊，还有一身的大汗淋漓？有一句话，曾经被曲解，便是奥运会是一场游戏。没错，GAME一词可以翻译成游戏，但那是有争夺的且带有刺激性的游戏，而非一般联欢或电脑里的游戏。所以，我看刘翔此次奥运会前再次摆出轻松的姿态说不就是参加一场游戏嘛，多少有些故作的走秀之辞。

还有一句话，我们忘了，赛场是战场的袖珍版。其实，最初古代奥运会就有这个意思，将人们在战争中的狂热转移到赛场上来，这才有了以后顾拜旦先生"体育，你就是和平"之说。即便是战争的转移，人们野性的争夺的一面，也是难以收敛殆尽的。

金牌，便是战争中胜利者插向敌方山头的胜利之旗，不过是将战场上呼啸的炮弹，转换成了另一种形式，让硝烟变为烟花。

因此，什么事情都过犹不及。对于金牌，我们就像对待许多别的事情一样，爱走两极。我们对于金牌的误区，根植于我们的民族性格，有其可爱的一面，也有鲁迅早就批判过的好面子等劣根性的一面，方才如风箱里的老鼠两头跑。金牌本身没有什么错误，多拿金牌更不是什么错误。别忘了，汉城奥运会，金牌少拿了，什么滋味？既然是比赛，就得有金牌；既然是金牌，往自家里多拿，无论大国小国，从来都是高兴且应当应分的事。

二

虽然，奥运会上每块金牌有每块金牌独特的价值，但金牌的含金量其实是不一样的。4年前的伦敦奥运会，中国已经在很多项目上拿到了金牌，都是可喜可贺。但依我看来，中国游泳队夺得的5块金牌，无疑力压千钧，令人振奋，如果刘翔也能够夺金，我认为则是伦敦奥运含金量最高的几块金牌了，更何况孙杨和叶诗文、焦刘洋他们还分别打破了奥运会纪录和世界纪录。

自1952年吴传玉第一次参加赫尔辛基第15届奥运会游泳比赛以来，如今伦敦奥运会是第30届了。过去了15届，整整60年，始终努力，却始终与金牌无缘，一届届，无功而返。60年，一代人死去，一代人老去，一代人风流云散，其中该有多少让我们记住

的泳坛名将，又有多少不甘、辛酸和渴望。

终于，这个迟来的梦撞进了21岁小伙子孙杨的怀里，让他跃进碧水池中，迸发出满池夺目的雪浪花。可以说，这样经历了60年漫长的奋斗和等待，终于修成正果，颇有些痴情的汉子终于抱得美人归的感觉。当然，也可以说犹如阔别多年隐身于深山老林里修炼的英雄，终于仗剑挺身地胜利归来。怎么说，都不过分。中国游泳在奥运史上共夺得12块金牌，10块属于女子，唯有这两块属于男子。这两块金牌的价值，对于我们确实不同凡响，只是伴随着这些金牌的同时，也伴随着服用违禁药品的传闻，大家对这些金牌充满质疑。这不仅是笼罩在孙杨头顶上，也是笼罩在中国游泳队上空的魔咒。

就如同看戏，会看的看名堂，不会看的看热闹。行家看奥运，前半场主要看游泳，后半场主要看田径。这是奥运的金牌大户，是奥运这出大戏的前后两次高潮。以我仅仅看过的一届奥运会和几次世界大赛的经验，游泳场和田径场的观众最为爆满并激情四溢。游泳和田径不仅是体育比赛的基础项目，体现一个国家真正的体育水准，更在于它们独具魅力的自身价值，一个向海洋，一个向大地，表达着人类征服自然并拥抱自然的意志与愿望。我们对于干净的泳池中诞生的价值非凡的多种的渴望和向往，便不仅融有中国男子游泳几代人梦想的象征意义，还进一步融入更为广阔的体育的哲学意义呢。

三

夺金牌，如同赚大钱，夺得再多，赚得再多，都没得说，但是有一条原则，便是来路要光明正大。体育场上夺金牌，要靠自己实打实的本事。其公开性、公平性和公正性，在于比赛是在众目睽睽之下，谁也别藏着掖着，便具有商场及官场无可比拟的魅力。体育，才这样令人着迷；金牌，才这样金光闪烁。

在这里，关键在于比赛的公开性，这是首要的，是体育比赛独有的。有了公开性，才有可能出现公平性和公正性。因此，这也便是金牌无与伦比的价值。金牌，成为容易藏污纳垢的现实的一面镜子；夺得金牌，成为与永远难以完美的现实相对照的理想与信仰的一种象征。

所以，伦敦奥运羽毛球赛场上，包括中国队在内的8名女子双打运动员，消极比赛，被全场观众看在眼里，观众眼睛里揉不得沙子，纷纷发出嘘声。最后，这8名运动员被黑牌罚出以示警告，弄得中国体育代表团的脸挂不住。

中国羽毛球这次出丑出大发了，即便最终中国羽毛球囊括全部金牌，彼百俊难掩此一丑，金牌的分量和价值总是打了折扣。可以看出，金牌容不得玷污，争夺金牌，有一个体育伦理的底线，那便是道德；还有一个体育的理想，那便是更高更快更强的奥林匹克理想。

我的体育散记

我们的这几个羽毛球运动员和教练员，显然只认金牌，却未识得金牌内含的"核儿"。按照姚明对此事的评价，是因为我们的价值观已经低于了金牌的价值。仅仅将金牌当成实用主义的一种东西，当然可以不择手段来对待了。下场之后，压力之下，无论是教练员还是运动员，他们几乎一致地说是对新赛制理解不够，而将自己已经不止一次对奥林匹克精神的践踏和背叛，说得那样云淡风轻。当然，这也不能完全怪罪他们，因为他们的领导，我们的体育迷自身，对于金牌的认知，有时候，并不比他们好多少，甚至以奥运金牌的战略的行政方式左右着他们，影响着他们。

忍不住想起在古希腊宙斯神殿旁那种满橄榄树的奥林匹克运动场上举办的古代奥运会，那时候，冠军的奖励，没有金牌，只有就地取材从赛场旁取下的橄榄枝编起的桂冠。那时候，没有那么多的污染和私心杂念，就如同那时候清澈的天空没有那么多的污染。从古代到现代，从橄榄枝到金牌，我们比古人进步了多少？

女性为奥林匹克增辉

　　如今的奥林匹克运动，已经离不开女性的参加。无论是作为运动员，还是教练员，就是看台上的观众或电视机前的体育迷，也绝对离不开女性了。几年前的世界杯足球赛场上，最风光的观众球迷，莫过于巴拉圭的拉里萨·里克尔梅了。

　　当然，奥林匹克运动离不开女性，并不仅仅在于女性独特的性感，为之增添一抹别样美的风韵，更重要的，是男女平等在全世界最广泛的展示和显示。这是对在全世界范围内延续并残存了几千年的男权社会的一种反叛、一种挑战。在这方面，奥林匹克运动的贡献是巨大的、独特的。

　　只要想一想，在古奥林匹克运动漫长的历史中，一直到了公元前396年的第96届奥运会上，才出现了第一名女性。是经历了96届奥运会呀，就可以知道男女平等的艰难，曾经是一道多么难以逾越的屏障。那样漫长的时间里，是禁止女性参加奥运会的，甚至严酷得连看也不允许看，否则一律处以死刑。第一位出现在古奥运会赛场上的女性，是多么的伟大，因为她是冒着被处死的

危险的。这位叫作卡莉帕捷莉亚的女性，是女扮男装，以教练员的身份带着她的儿子参加拳击比赛的。当她的儿子赢得冠军的时候，她兴奋得难以抑制，冲到赛场上拥抱亲吻儿子，暴露了女性身体的特征。如果不是全场的观众如雷鸣般齐声叫喊要求免除她的死刑，她将付出生命的沉重代价。

古希腊曾经为卡莉帕捷莉亚竖立了一尊雕像，同著名的掷铁饼的那位男性一起，成为古代奥林匹克运动的骄傲。后者如果是力的象征，她便是美的化身，更是在历史中为男女平等以身试法做出贡献的划时代的标志。

真正有女运动员堂而皇之地步入奥林匹克赛场，是1900年的事情了。在巴黎举行的第二届现代奥运会上，才出现了来自美英法三国的19名女运动员。这期间已经经过了近两千年历史风云激荡的演绎。我想，正因为如此，联合国秘书长潘基文才会这样说："妇女的进步就是全人类的进步，在社会性别平等问题上，体育发挥着至关重要的作用。"

奥林匹克的作用，就是这样如水蔓延并渗透体育之外的很多地方。这便是奥林匹克运动超越体育自身的伟大意义，是其他领域无法匹敌的，才获得了世界最广泛热爱的原因。

奥林匹克带领女性进入一个崭新的天地，不仅实现了性别的平等，同时也让女性有了一个实现自身平等的疆域。因为我们知道，在种族、肤色、财富、出身、地位、文凭，甚至高矮胖瘦力量等诸多方面的制约下，女性很难能够完全实现平等。奥林匹克运动，为女性自身提供了平等竞争的机遇和平台。在这里，

1988年汉城奥运会，女运动员在比赛中

无论你是贫女还是公主（西班牙的公主就参加过奥运会的赛马比赛），无论你是黑人还是白人，无论你是体壮如牛还是娇小玲珑，只要你有足够的能力和信心，都能够在这里一试身手，都可以问鼎夺冠登上领奖台佩戴上奥林匹克奖章。

想到这里，我总会想起自己少年时曾经迷恋过的篮球运动。在20世纪50年代末和60年代初，我国女子篮球运动中，我最佩服的是煤矿队一个叫刘绍兰的运动员。她的身高只有1米59，在身高普遍高她一个头有多的运动员中，她却能够游龙戏凤，特别是穿插跑篮，犹如泥鳅钻沙，频频得分。我常会这样想，如果不是体育，哪里可以给她这样展示自己才华的机会？让她在经过了半个多世纪后的今天还会被人忆及？

没错，奥林匹克运动，给予了女性这样展示自身能力的机遇和疆域，让女性可以在这里自由民主平等地竞争，而不需要任何的权势、关系、后台、资本，以及许多隐性潜在的依托。因为哪怕你胖得出奇，你可以比赛柔道；你矮小又瘦弱，你可以比赛体操甚至围棋……就像伊索寓言里讲的，长颈鹿有长的本事，小山羊有小的本事，可以各显其能，只要你能够更高更快更强，只要你能够战胜你自己。奥运会等一切国际赛事，一次又一次实践并见证着这样的真理。

奥林匹克告诉我们生活的哲学

精彩的体育比赛，如同精彩的一幕戏剧演出，纵使最后的结局让人忘掉，但是那些精彩的细节，总会让人难忘。

记得在北京奥运会上，那一晚110米栏的半决赛中，因为有史冬鹏的对比，博尔特蹦蹦跳跳，显得像一个出席派对的欢乐的大孩子。而史冬鹏从始至终都显得有些板滞，如轭在身，很沉重的样子，一脸的紧张，苦瓜一般，毫不兴奋，看着就不由自主地替他紧张。就在这之后不久，博尔特出场了。我看见他的脑门出汗了，但那不是紧张，而是天有些热。走在塔当跑道上，他还轻松而且有韵律地扭动起了舞姿。看得出来，即使是激烈万分的200米决赛，他也只是把它当作游戏，自己则在尽情地享受这样千载难逢的比赛。

夺得百米金牌之后，展望200米的时候，博尔特就曾经说过：如果我愿意，撞线的时候，我也可以来段舞蹈，我从来没有把比赛当作特别严肃的事情。

如今，他做到了。比赛结束后，他脱下金色的战靴，赤着

2016年里约奥运会田径男子200米半决赛中，牙买加选手博尔特（中）以19秒78的成绩晋级决赛

脚，跳起了舞来，8万多观众欢如雷动的掌声在为他伴奏。他又如愿以偿地获得200米的金牌，并像打破了百米的世界纪录一样，再次打破了200米的世界纪录。他仿佛在向我们不住地抛撒惊喜的节日礼物，不停地向着更高更快更强冲击，向着人类的极限挑战。他以他一次次惊人的速度，告诉这个世界：人类到底能够跑多快，就是上帝也不要轻易地下断言。

我曾经说过：在奥运会所有比赛中，100米和200米的飞人大赛是最为精粹的绝句，100米是五言绝句，200米则是七言绝句。博尔特就是田径场上最激情洋溢的诗人。他告诉我们，纪录就是拿来打破的，奇迹是可以去创造的，而这奇迹是博尔特的梦想，也是我们的梦想，只不过，这梦想是通过博尔特替我们实现的。这是鸟巢体育场抒写的最伟大的诗篇。

这两夜，鸟巢因有博尔特的出现而分外灿烂辉煌。

也许，博尔特确实是一个可遇而不可求的天才。我们并不能一厢情愿或异想天开地奢望或企求，我们也能够拥有这样一个天

才，来弥补我们突然失去刘翔之后的心理落差。但是，在向博尔特致敬的同时，我们完全可以向他学习而找到我们自己的差距。我们是否把比赛的意义抽象化、神圣化而看得过重，我们生怕对不起这个，对不起那个，以致有时候会压得我们自己喘不过气来，让比赛和我们自己的动作变形？紧张不过是这种形态和心态的外化。因此，我们缺少博尔特这种放松的状态。博尔特把比赛当作如同他们牙买加的舞蹈一样的游戏。我们却在比赛之上附加许多东西以致让比赛超重，如鸟的翅膀缀上东西，怎么可以轻快地飞翔？

歌德曾经说过：人只有在游戏的状态下才能够回归人的本质。奥林匹克，其实也是帮助我们回归人类的童年时期，重新找到人类理想的一种状态，让我们的生活更加清澈，让我们的世界更加和谐。所以，奥运会是比赛，更是全世界人们狂欢的节日。

所以，博尔特说：我从来没有把比赛当作特别严肃的事情。

而我们则往往容易把比赛当作特别严肃的事情。

也许，这就是我们和博尔特最明显的差别。或许，找到这差别很重要，即使比赛中一时我们不能和他跑得一样快，但我们可以和他一样的享受比赛，一样的快乐。国际奥委会前主席萨马兰奇曾经说过："奥林匹克运动，也是生活的哲学。"博尔特告诉我们学习这门哲学的最佳路径，而这是我们实现奥运梦想的理论基础。

没有黑马还叫奥运会吗

里约奥运会终于开始了。这是世界最大的体育盛会。体育迷们谁能够错过呢？不知道有人做过统计没有，同其他方面比如唱歌的粉丝相比，这个世界上的体育迷到底有多少？恐怕这是一个相当庞大的数字。所以，我说体育是一种泛宗教。对于奥运会，每个人的心中都有属于自己的期待，就像进入教堂有自己的祈愿一样。

有人会期待开幕式，每一届开幕式之前都会搞得故弄玄虚。如今，里约奥运会的开幕式已经结束了，热烈的桑巴和性感的邦臣，都已经过去。奥运会，需要热闹，也需要性感，但奥运会主要是比赛。有人从奥运会英文字面翻译，说GAME是游戏。也许，古代奥运会确实充满了游戏的色彩。自从进入现代奥运会以后，运动员的职业化，竞技之中的政治和商业的色彩越来越浓重，GAME已经无法承受奥运会之重。比赛的激烈程度愈演愈烈。看奥运会，看的不是外在添加剂的热闹，而是实打实的比赛。

我的体育散记

没错，我对里约奥运会的期待，就是看那些比赛。具体说，哪些比赛最让我期待？激烈的难分胜负的比赛，是其首要的条件。一边倒的比赛，引不起我的兴趣。比如乒乓球比赛，我们的实力太强，其他国家的选手费尽吃奶的劲头，也难以抗衡。不是我不爱国，除非有一个别的国家的选手，意外把我们赢了，否则一般难以吸引我的眼球。

没错，意外，总能吸引人们的眼球。体育比赛的魅力之一，就在于意外，和你事先筹划好的不一样，和你预期或猜测的满拧，尤其是和你在比赛中看到的情景完全不同，在最后那一瞬间来了个彻底的颠覆，大翻盘，满心的喜悦顷刻变为惆怅，或者满怀愁绪顷刻破涕为笑，这才是竞技体育比赛带给我们最大的快感。也就是说，这个最大的快感，这个顷刻之间出现的大翻盘，这个一秒钟就可以让我们或哭或笑或喜怒无常，是因为比赛突然出现了一匹黑马，在我们的眼前蓦然一亮。没有黑马的体育比赛，没有黑马的奥运会，便无法称之为比赛，无法称之为奥运会。

没错，里约奥运会上，我的期待就是能够看到黑马，一匹又一匹的黑马从我的眼前闪电如风，驰骋而过。

第一天的比赛，就出现了一匹黑马。她便是在女子10米气步枪中横空出世的美国19岁小姑娘思拉舍。这是里约奥运会诞生的第一块金牌。

我国自古以来重视开门红，希望博得碰头彩，在传统京戏里叫作"挑帘彩"。图的是吉利，为以后的比赛打下基础，在自己的心里奠定信心。我国特意派出老将杜丽和易思玲参加这个项目的比赛，如此双保险，志在必夺头一枚金牌，打好这第一炮。

其实，哪个国家不是如此呢？谁会不看重这头一枚金牌带来的喜悦和激励以及未来的希望呢？

我曾经采访过巴塞罗那奥运会。射击比赛的赛场，安排在比较偏远的场地，观众席很少，因为来看射击比赛的人不多。坐在观众席上观看比赛的，大多是参赛选手所在国家自己的运动员、教练员和记者，来为自己的人加油助威的。比赛场地非常安静，没有其他场地尤其是足球场或田径场上那种万众欢腾的声浪喧哗。射击比赛耗费的时间很长，要求观赛者和比赛者一样有耐心，沉下丹田之气，心如止水。这种万籁无声的安静，有一种其他赛场上没有的压迫感，仿佛从赛场每一个角落都袭来了潮水，渐渐灌满整个房间，令人喘不过气来。

自然，感受压迫感最强的，是参赛的选手。所有的压力都存放在他们自己的心里，凝聚在枪的准星前，释放在最后一枪鸣响之后。其实，射击赛场上枪响的声音很轻，一点儿没有影视战争片中真枪实弹那样惊心动魄。所有的惊心动魄，都在每个人的心里，如同冰层下激荡着湍急的春水。这样的比赛，比的就是承受压力的能力，是自己内心的镇定与稳定。

这个19岁的美国小姑娘真的了不起。她内心的镇定与稳定超过参赛的所有选手。从她手里一共打出20发子弹，枪枪中的，而且都在10.3环以上。我国的两位选手表现得也都不错，不过，从每一粒子弹射出的成绩上看，还是看出了差距。子弹的轨迹，其实就是心理的谱线。黑马，就是在这样稳定和镇定的谱线中跃出，令我们惊叹不已，令我们赏心悦目，令我们心有不甘而期待来年。

相信里约奥运会还会出现更多的黑马。没有黑马的奥运会，还叫奥运会吗？

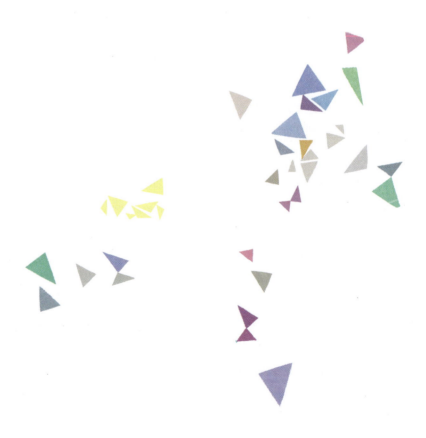

没有失败者还叫奥运会吗

正是伏天暑热难耐的日子，足不出户，围在电视机前看里约奥运会，是个不错的选择。奥运会上，每天都有金牌榜数字金光闪烁，每天都有领奖台上的鲜花和国旗纷纷盛开与升起，让人热血沸腾，让人为这些胜利者尤其是金牌获得者而欢呼。其实，每天的奥运会有更多的失败者，悄悄地离开赛场，躲在角落伤心流泪，或不服气地暗暗使劲。

无论怎样的流泪和不服气，失败者，毕竟是失败者，终是和胜利者尤其是金牌获得者，无法同日而语。这多少有些像战争，胜负分明，一目了然。体育，本身就是和平年代里转换到比赛场上的袖珍战争。没有了这样判若分明的胜负，没有了这样一边扬眉吐气一边悲伤落泪近乎残酷对比的画面，还叫什么奥运会。奥运会就是人生战争的缩影，只不过让对手走到前台，面对面，然后在众目睽睽之下比试十八般武艺。赢了就是胜利者，输了就是失败者。

看乒乓球女子单打决赛，李晓霞打失最后一分，丁宁挥臂狂

吼和跪地流泪,教练跑上来和丁宁拥抱以及众星捧月的样子;再看李晓霞面无表情独自一人离开赛场的样子,就会知道,胜利者和失败者,就是有着这样的天壤之别。都说奥运会不是胜者王侯败者贼,但在这一刹那胜者已经顾不上和失败者握一下手,哪怕那是你的队友;而人们更是葵花向阳一般把笑脸和热情都抛向胜者,无暇顾及败者。

竞技体育的无情,完全传承了战争的那一面。但是,从另一种角度来看,这也是体育的魅力,是奥运会之所以让那么多人喜爱的重要原因之一。体育的公开性、公正性和锱铢必较的法规性,是别的任何领域都无法比拟的。不要说一分之差,哪怕是在时间的百分之一秒或空间的零点零一厘米之间,就可以让所有人哑口无言,口服心服。

奥运会每天都会诞生金牌,每天更会生产失败者。而且,失败者永远要远远地多于金牌获得者。或许,金牌是人为的设置,让我们在瞬间上穷碧落下黄泉,体味人生悲喜两极。但是,在我们琐碎的人生或庸常的生活中,相比幸运儿,失败者确实是大多数。无论何时何地,是这样多的失败者,成为胜者的最大的分母。在奥运会的赛场上,一将功成万骨枯,永远是残酷的现实。国际奥委会前主席萨马兰奇曾经告诉我们:"奥林匹克运动,也是生活的哲学。"奥运会就是以这样残酷的现实告诉我们这一哲学的意义。失败者是存在的,而且是沉默的大多数。体育的赛场上,失败者无须安慰的伤湿止疼膏,而只需要自己疗伤,去努力奋发争取下一届奥运会,或者经历更漫长的时间考验和等待。

年轻时曾经读过屠格涅夫的中篇小说《浮士德》。故事说的什么，早就忘了，但那里面有这样一句话却一直记忆犹新，大概意思是：人生就是一个荆棘接着另一个荆棘，最后那些荆棘才能变成一个花环。年轻时，一直也没弄懂这句话的含义，现在，多少明白一点了，无论对于任何人，失败的荆棘是普遍性和经常性的。胜利者也必须经历失败，才华横溢者或命运的宠儿，或许可以提早将荆棘变为花环，而对于我们普通人，要经历更漫长的时间，走更漫长的路，才能够将荆棘变为花环。或许，这就是萨马兰奇告诉我们的奥林匹克的生活哲学。

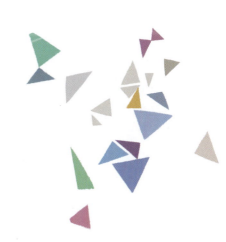

体育不是一个听话的孩子

　　体育不是一个听话的孩子，你往那边指，很多时候它偏偏梗着脖子，就是不往那边走。

　　还记得北京奥运会上那出人意料的一幕吗？中国击剑赛前就铆足了劲，剑指谭雪，指望着她拿下北京奥运会女子佩剑这块金牌。也难怪这样的志在必夺，四年前雅典奥运会上，谭雪夺得了银牌，和金牌只有一步之遥；去年世界杯分站赛拿了五站的冠军，世界积分排名第一。就差最后这口气，顶住了，不就扬眉吐气了吗？可谁知，多情剑客无情剑，她偏偏早早落败，让人们扼腕叹气，一连几天缓不过气来。

　　有意思的是，正当人们对中国击剑不大抱希望而有些愁眉不展的时候，突然冒出个仲满，连闯五关，英气逼人，剑锋裁云，勇夺男子佩剑金牌，成为拯救中国剑坛于危难之际的英雄。

　　而在此之前，仲满这个名字还是那样的陌生，媒体宣传的、人们知道的，更多的是谭雪，有多少人知道他呢？就是他自己，也只是在做梦的时候偶尔出现过金牌的影子，仅仅在两周之前，

2008年北京奥运会，仲满获得男子佩剑冠军

他才开始研究对手的录像。奥运会开赛了，也没敢叫父母到北京来看自己的比赛，更谈不上如一些热门选手，早早有人扛着摄像机、拿着鲜花，甚至揣着装好慰问金的红包，到家里去了，把父母叫在一起，围着电视机看比赛，事先准备好庆祝的鞭炮，就等着金牌到手的那一瞬间，立刻进行热闹的现场采访了。

可是，仲满偏偏拿到了金牌。你说体育不是一个不听话的孩子又是什么？在比赛中，这叫作爆冷；在生活中，这叫作意外；在俗话里，这叫作东方不亮西方亮，横刺里杀出个程咬金。

赛场上，总会有一些这样的爆冷、这样的意外、这样的程咬金，出乎我们的预测，更跳出我们的安排，打乱我们的计划，不听我们的号令走步，不按我们的方法出牌，让我们瞠目，也让我们惊喜。

这就是体育的魅力。体育的现场即时性和结果的不确定性，往往会让运动员和观众一起感到格外的刺激，欣喜若狂，悬河与瀑布一般，飞流直下三千尺，成为在任何一个地方都无法品味的超值快感，成为独一无二的人生体验。

不听话的孩子哪儿都会有，意外也不独居体育之门，比如

电影戏剧和小说中，意外是常常会出现的。但这些意外统统都是人为设计的，一旦设计好了，一般不会再有变化，岁岁花开花相似。唯独体育的意外，事先之时，如鸟飞天际，渺无痕迹；事发之中，缝若天衣，不见缝隙；而且每一次的意外绝不雷同，朵朵花开花不同。那意外才叫真正的意外，这样的意外，才独属于体育。体育因此而超越人生和艺术，才让我们爱看、耐看，进而情不自禁地倾情相许。

一般而言，体育的意外，会出现在如仲满一样名不见经传的年轻人身上。不讲一切人为的因素，也不讲一切老本，只凭实力，还有运气，就可以使草根开花、竖子成名，而让我们慨叹王侯将相，宁有种乎！这样体育的意外，如此平等、公平，才造就出如仲满一样令我们惊叹也令我们信服和欢欣的英雄。

白娘子盗得了仙草，孙悟空取得到真经，我们上哪儿能够找得到这样的欢乐？唯有体育。因此，一届奥运会给予我们这样意外的快乐越多，说明这一届奥运会办得越成功，取得的成绩越辉煌。如今，北京奥运会已经过去了10年，老去了10年的仲满，不会再给我们什么意外的惊喜了。但是，意外还会出现，出现在更年青一代运动员的身上。这便是体育独有的青春哲学，这便是体育这个不听话的孩子却偏偏惹人喜爱的原因。

朋友，你并不比残疾人高贵

　　曾经有人说，残疾人自身活动都不方便，还要参加运动比赛，未免有些残酷，而且残缺身体的展示触目惊心，也不那么美。这样带有同情和怜悯的看法，实际上是站在健全人的角度俯视残疾人，无意之中把自己摆在了和残疾人并不平等的位置上。

　　其实，在这个世界上，一切生命都是平等的，我们并不比残疾人高贵。

　　肢体的健全，并不能一俊遮百丑，并不代表我们的心灵和精神一定比残疾人健全。只要想一想，那些残疾运动员，没有向命运屈服，不知要比我们健全人忍受多多少难以想象的艰辛和磨难，却创造出我们许多健全人都无法创造的奇迹，我们应该对他们仰视才是，怎么可以以一种居高临下的角度俯视乃至轻视呢？

　　在残奥会的激烈比赛之中，看那些下肢残疾的运动员在跑道上如风似电地"奔跑"，看那些上肢残疾的运动员在泳池里击水搏浪，看那些盲人运动员在足球场上在黑暗中舞蹈……真的让我分外感动。我们可以说他们和荷马、贝多芬、孙膑一样

2018年平昌冬季残奥会开幕，中国代表团入场

存在残疾，但他们为这个世界创造的价值是具有同等意义的。他们从不同的社会领域和人生侧面，为我们彰显了残疾人生命的丰富、神奇和力量。

残疾人，曾经被称为"被上帝咬过一口的苹果"。在残奥会赛场上，重新塑造得如维纳斯一般，将残缺也铸就成一种美，而且是如此雄伟壮观的美。

他们给予我们有益的启示是：在这个倾斜而美丽的世界里，有一种神圣的光芒照亮他们的胸膛，也照亮我们的胸膛，那就是他们内在的生命与精神，他们无限的光荣与梦想。他们不再是被上帝咬过的残缺的苹果，而是一个个如传说中的英雄丹柯一样，掏出自己燃烧的心，高高擎过头顶，作为火把，为我们带路，带我们走进一个崇高美好的境界。

我们应该躬身自省，检点我们健全人常常在自觉或不自觉中荡漾起乃至泛滥的自我膨胀的高贵感，比如有些人对残疾人的漠视和不尊重，比如貌似同情实则居高临下如同恩赐一般的抚摸，比如对于他们职业的歧视和对于他们成绩的忽视，比如对于残障设施投入建设的不够完备不够普遍，以及我们锦上添花有时多于雪中送炭。

他们让我们懂得谦卑，我们确实并不比他们高贵。他们让我们感悟生命伟大的同时，也让我们感悟到精神对于人的重要性。他们用看得见的有形的残缺，照见我们心灵与精神的某些无形的残缺。他们对于我们的警醒与启示，将是残奥会留给我们的精神财富。

乒乓球比赛为什么越来越不好看

如今，尽管国际乒联一再出台新措施，力图约束中国的乒乓球，但中国乒乓球依然所向无敌，几乎横扫世界。记得前几年横滨世乒赛，中国队拿了所有项目的冠亚军，队员们很激动，王皓甚至跪地欢呼；那一次张继科夺冠之后激动得脱衣而舞，忘乎所以。但是，我却兴奋不大起来。想起容国团和邱钟惠第一次夺得世界冠军万人空巷的情景；想起瓦尔德内尔和中国队三代运动员对阵观者如云的时候，真的恍如隔世。

为什么中国乒乓球运动员的水平越来越高，在各种比赛中拿的冠军越来越多，甚至屡屡囊括了所有的金牌，比赛却越来越不好看了？这到底是什么原因呢？

体育比赛之所以被称为和平时代的战争，就在于其国际化，在于国与国之间的较量，最好能够出现小国打大国或弱国打强国的比赛场面，那样激烈的程度才会有观众更加强烈地投入。人们在世界其他地方难看到的平等民主等诉求，在运动场上却得以梦幻般实现，球迷才能够成为世界上最为疯狂的一族，这一点是多么的不可或缺。只是看我国的运动员自己打自己，即使水平再高，最后不过沦为我们自己的一个大联欢。作为观众，自然会失去了最起码的加油助威呐喊的兴趣。

拔剑四顾，茫然而没有对手，只是和自己同门的师兄弟对打，这对于武林高手而言，可以说是练武或游戏，却难说是真正意义上的打擂。记得在20世纪60年代，中国乒乓球崛起，乒乓球比赛格外吸引人，是因为有日本和匈牙利这样的强队和我们对垒，荻村、西多、别尔切克等优秀的运动员完全能够和我们抗衡。一直到70年代，匈牙利曾经从我们手里夺走了最为重要的男团冠军。比赛有了起伏跌宕才好看，仅仅是一边倒的比赛，如同清汤自然就比不上麻辣火锅更让人刺激。这样刺激好看的比赛，可以说一直延续到前些年北京的奥运会，因为那时还有宝刀不老的瓦尔德内尔、佩尔森和盖亭，能够和我们周旋，瓦尔德内尔甚至还夺得过奥运会的金牌。瓦尔德内尔退役之后，这样的场面也看不见了。

作为外国运动员，眼瞅着中国乒乓球水平越来越高，大小世界比赛，冠军一个个都让中国拿走，越来越没有自己的份，谁还愿意来陪太子读书？越来越多的外国运动员对乒乓球比赛望洋兴叹，甚至望而却步，便容易出现外国运动员对这项运动项目的兴趣降低而造成的马太效应，即越来越少人参与，水平越来越弱，那么，我们的水平再高，一花独放，也很难成春。市场的垄断，会造成市场的畸形；乒乓球的垄断，也会造成比赛的畸形，能好看到哪儿去？

2017年乒乓球亚锦赛赛场花絮

体育有体育自身的特点和规律。一个项目总是全部都被一个国家独占鳌头，不见得是好事。美国篮球最发达，人家也没有以非要拿下世界所有比赛的冠军为荣或目的，为使得比赛更好看，吸引世界更多的球迷的关注，美国职业篮球联赛每年都要选一些包括中国在内的世界其他国家的运动员加入，并且每年都有训练营这样具体的措施和投入，注重对这些新秀的培养，从而在全球走向市场化，而非国家不惜人力物力统包，然后封闭起来训练，放出去对付外国人，仅仅为了拿一个冠军。因此，为使我国国球比赛更加好看，为推动乒乓球这项运动在世界更好地发展，还有好多的工作要做，起码需要改革体制，减少投入，真正市场化，不必要将那么多人统统养起来，光乒乓球训练基地在全国就搞了那么多，应该仔细算算我们一块金牌的投入成本。体育比赛的魅力在于其国际化，而成为世界上唯一一种不用翻译就能够让所有人都懂的通用语言。缺少世界其他国家运动员的支持，让他们看不到切实的希望而日渐退出对抗竞争，任何一种比赛都不会好看。我国有句俗话：大河没水小河干。这话含有的哲理性，用在这里也合适。

记得那年横滨赛后，中国乒协新科主席蔡振华呼吁："乒乓球已经到了危险的地步。"我赞同他的这句话。如果只是我们继续囊括所有的金牌，糖吃多了不甜，饭吃多了也会撑得慌的。独自跳光杆舞、唱独角戏的风光能够无限延续下去吗？会不会重蹈因为棒球是美国一统天下无人抗衡而被取消于下一届奥运会的老路？这不是杞人之忧。

今年，在我国无锡举办的亚锦赛上，日本17岁的小将平野美宇一连战胜我国三名名将，勇夺女子单打冠军，让人惊呼，让人觉得乒乓球比赛又好看了起来。比赛好看的道理，就是这样的简单。没有真正对手的比赛，就不好看。

世界杯和NBA

此次巴西世界杯开战之时，正赶上NBA总决赛之际，酒吧里围在电视机前的，都是看马刺对热火队的决赛，尽管此次世界杯上美国队表现不俗，小组出线在望，但一般美国人很少看他们的比赛。很明显，美国人关心NBA的热度远远高于世界杯。在很多美国人眼里，NBA是一杯滚烫的热酒，世界杯不过是一杯饮料。

对于我这样热心四处找世界杯看的人，他们有所不解，然后拔出萝卜带出泥，对中国居然有那么多世界杯的球迷，不仅点灯熬夜看世界杯的电视现场直播，还要花那么多钱大老远地跑到巴西来看球，实在是难以理解。他们常这样问我：世界杯又没有你们中国队，为什么还那么关心？然后，又会紧接着问我：你说说世界杯和NBA有什么区别？

我仔细想想，还真是有区别，而且是挺大的区别。

NBA远没有世界杯的场面大，纵使比赛激烈的程度大同小异，但气势就无法和世界杯比了。这就是足球的性质，场面宏伟，决定气势的排山倒海，进攻或防守的排兵布阵，无论进军气势如虹一泻千里，还是防不胜防兵败如山倒，都会看得清清楚楚。所以说，足球比赛是战争的缩写版，是袖珍化的战争，它是由战争衍化而来的和平年代里人们对世界征服的一种欲望和梦想。从来没有听说过篮球比赛和战争的比附。因此，坐在看台上，看足球顶级赛事的世界杯，和看NBA是无法同日而语的。如此对比之下，看NBA如螺蛳壳里做道场，显得有些杯水风波，有些舞台化、戏剧腔；而世界杯则大开大合，高歌击筑，荡气回肠，是一幅泼墨的画，是一首无韵的诗。因此，世界杯绝无NBA的暂停而中断比赛；NBA也绝无世界杯的红牌那样一举定终身的生死牌。红牌，便是战争中壮烈的死亡；暂停，则是战争中虚妄的玩笑。

　　NBA一场比赛进球可以数十个计，如进山采蘑，无须走出多远，便会左右逢源，一时即可采得盈筐，分数过百，不算奇迹。世界杯一场比赛进球则只有区区几个，甚至一个都没有，如进山打猎，踏雪冒寒，进入深山老林腹地，只为寻找一个猎物，枪响中的，背一只胜利品即可得胜回朝，却也很可能最后是无功而返，反而被猎物咬伤了自己。如此赛事的结果赫然不同，便越发显得世界杯的独一无二，物以稀为贵，为一个进球而苦苦鏖战90分钟，甚至打入加时赛，便显得那一个球的价值连城。NBA如果是快餐时代的代表，世界杯则是古典时代的遗迹。NBA代表着欲望，多多益善，速战速决，千里江陵一日还；世界杯则代表着理想，漫漫长路兮，吾将上下而求索。

　　NBA和世界杯都会有奇迹发生，但奇迹的含金量有所不同。

当年乔丹比赛最后一秒钟的压哨三分，为比赛赢得关键性的胜利，那一刻非同寻常，让我们感到更多的是激动，如同看一场大戏，落幕之前有了意外而惊险的大转折，让我们久久回味；今天的世界杯，美国队开场仅仅29秒，邓普西便神速地射进一球，那一刻同样非同寻常，让我们感到更多的则是惊异，还是如同看一场大戏，开场之际，还没有进入剧情，缓过神来，便惊雷炸响，先声夺人，让我们忍不住先叫一声"挑帘好"。由于篮球和足球进球的难易程度不同，邓普西的那一粒进球和乔丹的那一粒进球，价值与意义便有所不同。或许乔丹那一粒进球更具比赛输赢的实际价值，但邓普西那一粒进球则更具比赛美学的艺术意义。

同样，墨西哥门将奥乔亚此次世界杯神奇地扑救出那么多的险球，也属于赛场上绝无仅有的奇迹。在NBA的赛场上，也会有"盖帽儿"封堵住势在必得的进球，但从来不会有奥乔亚这样在一场比赛中封堵住所有进球的事情发生。所以，我说NBA和世界杯都会有奇迹发生，但奇迹的含金量和意义就是有所不同。NBA可以让我们看到在平常日子里夺目而艳丽的花开花落，世界杯则能够让我们看到在雷电交加的日子森林里大树呼啸的起伏和惊心动魄的折断。NBA和世界杯都会有英雄诞生，这次NBA总决赛带领马刺队夺得冠军的邓肯，便是NBA的英雄，但他是夺得胜利的英雄，而奥乔亚则是保卫胜利的英雄。邓肯是那种振臂一呼昂扬的战旗，奥乔亚则是风雨不动安如山的中流砥柱。邓肯让我们想到的是一扇扇我们渴望打开的城门，奥乔亚则是我们希望安全归来的家门。邓肯让我们感到理得，奥乔亚则让我们感到心安。同样充满着激情，邓肯是浪漫主义，奥乔亚则是现实主义。

当然，尽管比赛激烈充满火药味，但NBA没有世界杯那样多的铲人、踩人、推人、绊人，甚至如乌拉圭的苏亚雷斯的咬人等更恶意犯规的动作。那些明铺暗盖和

墨西哥门将奥乔亚

明目张胆的犯规，可以说是野蛮。这便是足球相比篮球从野蛮的战争和原始的厮斗的脱胎换骨中未能彻底进化的表现，世界杯让其显示了留存的那一截未能剔除干净的野蛮的尾巴。同时，也说明了人类人性与兽性并存的两面性长期搏杀并长期存在的现实，在世界杯中显现得比NBA更充分。如果说，看NBA和看世界杯，其实都是在看我们自己，那么比起NBA来，世界杯和我们，彼此更是互为镜像。

每人心里都有一个世界杯

　　每人心里都有一个世界杯，这个世界杯属于他或她自己，有时候可以大声嚷嚷出来，与别人分享；有时候却只能独自一个人嚼碎了细细品尝。

　　比如，每人心仪的球队肯定不尽相同。球场的看台上，酒吧的电视机前，甚至街头大排档脏兮兮的桌子前，没有电视机，只有喷沫的啤酒和四起的酡颜，但要论起世界杯32强，论起哪个队最有冠军相，一定会如数家珍般争论非常。可能你喜欢淘汰赛中战胜法国的德国队，我却就喜欢虽输了球却有后劲的美国队，你一言我一语，互不相让，劲头儿不亚于联合国理事会上的辩论。因为各自心目中的球队不一样的理由响当当，又因为都是资深球迷，固守己见，都认为自己心目中的最美丽无比。

　　没有办法，这时候是无法调和的，一畦萝卜一畦菜，自己的孩子自己爱嘛！想想，无论在家还是在公司单位，尽管自己的心里也有所爱有所执着坚持的，但都只能深埋在心里而已，一切都只能听从老公或老婆的，听从老板和领导的。如果把世界杯期间自己畅所欲言为所欲为执着坚持的表现，拿到家中或公司单位，麻烦就大了，吃不了也得兜着走。所以，世界杯是最民主的一种表现，你可以尽情地表达自己所喜欢所不喜欢的球队，即使彼此争论得天翻地覆，不影响天照样的蔚蓝或照样的雾霾。

每人心里着迷的球星也不尽相同。喜欢马拉多纳和贝利或贝肯鲍尔的，肯定是属于我们这一代过了气的老派球迷。喜欢万人迷小贝的，喜欢齐达内、小罗、C罗的，喜欢梅西、罗本的，又可以泾渭分明地区分出好几代球迷来。那么，如果再和更新一代喜欢并看好这一届巴西世界杯表现不错的内马尔和奥斯卡的球迷相比，代际的分野就越发明显。都说一代代球星眼花缭乱地走马换将，其实球迷的更迭更是频繁，如同岩层代代叠压，和各色球星一起，形成各自时代的化石。

无论是怀旧派，还是喜新厌旧派；无论是复古派，还是唯新是举派。每人心里热恋或暗恋的球星不同，并不妨碍球星的生存与生长，也不妨碍球迷各自的生活和事业。锣息鼓息、灯暗幕落之后，是各自的日子各自过，前行或后退的轨迹，酸甜苦辣的味道，不会因世界杯而有什么改变。世界杯就像是一杯浓郁芬芳或浓烈火辣的酒，下肚之后，沸腾之后，燃烧了酒精和激情之后，让生活如退潮的海滩一样，连我们球迷的脚印都不曾留下，只留下几粒怀念的贝壳。这就是世界杯的包容性，世界上再没有比世界杯如此具有包容性的事情了，它包容了我们所有不同民族不同品性的球迷以及彼此你死我活的争论，时过境迁之后，没有任何芥蒂甚至一星一点的报复或打击，照样会在四年之后下

我的体育散记

2014年巴西世界杯上的球迷

　　一届世界杯敞怀迎接我们，接受我们的所爱所恨，以及彼此争斗的唇枪舌剑。

　　有人说世界杯是一面镜子，照见了每人自己的内心一隅。要我说，那只是一面哈哈镜，照见的是我们每人忘乎所以时变形的自己。

世界杯就是一场大戏

　　每四年一届的世界杯，是全世界球迷的节日。

　　记得那一年巴西世界杯期间，我人在美国，天天发愁到哪里去看世界杯呢。别看美国队已经出线进军巴西，这里的人却没有我们中国球迷对世界杯的热情，报纸上见不到这里对世界杯铺天盖地的宣传，电视里也没有那么多关于世界杯的新闻花絮，弄得我到处问人，打听世界杯，好像我是巴西的托儿，或是人家的什么至爱亲朋。其实，世界杯没有中国队，根本没有中国什么事，纯粹是别人家娶媳妇，自己跟着凑热闹。

　　那个周末，到小城一家1907年开店的名字叫做"上城"的餐厅吃晚饭，餐厅的吧台上方悬挂着一台电视机，正在播放足球比赛，恍惚中以为世界杯提前开始了，忙凑过去看，原来是正在转播意大利队对巴甲的弗鲁米嫩塞队在里约热内卢的热身赛，因为没有时差，用不着像在北京时得摸黑起个大早看了。人家美国人是该吃饭的吃饭，爱看球的几个哥们坐在吧台前喝杯啤酒看球，没有像我这样捡了个钱包似的意外惊喜万分。

2014年巴西世界杯揭幕战，巴西3:1战胜克罗地亚

　　其实，离着世界杯的开幕还有好几天呢。

　　开幕式上的揭幕战，巴西对克罗地亚队，可千万不能错过！这是这两天最让我着急上火的事。就像好戏连台的演出季，开场戏至为好看，是许多球迷都憋着的。巴西队，我一直都喜欢，尽管它已经是世界杯上的一锅老汤了，青春季早已经过去，但我一直说过的看球如同看戏，还得看名角出场，更何况它是东道主，依仗主场和不止我一个这样的老球迷支持呢！这便是我这样老派

球迷的看球经，会让年轻人笑话。

不过，人生如戏，戏如人生，世界杯就是一场大戏，看球的人不同的看法，自是折射着各自的人生态度罢了。有爱看精彩球技的，能如数家珍般数出各自战术布阵乃至独门绝技；也有爱看面容俊朗球星的，有爱看穿着清凉美女的，球技就如戏里的唱腔和跌宕腾挪的身段不在话下一样，看的就是角儿的养眼。这就是世界杯独有的魅力，有着宽阔的延展性和弹性，包容着不同口味的球迷。

看世界杯，我还爱看的是春秋混战，最好那些电视机里解说的、报纸上评论的行家所预测的全部失灵，那些大佬纷纷落马，弱队专灭豪门，英雄不问出处，处处揭竿而起，个个陈胜吴广。这样的心理或许有些阴暗，也会让真正的球迷笑话，哪里有这样看球的？不是起哄架秧子吗？非得看什么阴沟里翻船？看挑滑车，看罗成叫关，看鸡毛飞上天，看穷小子坐龙庭，看落难的酸秀才娶上公主不可？就看不得人家强队乘胜出击，一路过关斩将，最后直捣黄龙，得胜回朝，如愿以偿，唱一出《龙凤呈祥》？

我还就是这样的心理，世界杯从来就是一场弱肉强食的运动，崇尚的就是狼图腾。这和现实的世界没什么两样。如果说世界杯不仅是一场体育比赛，而且是一场富有艺术性的体育运动的话，那么，就应该有和现实世界不一样的法则，就应该和艺术讲究的一样，有一个意料之外和想象之外的结局。对于我，真的希望在死亡之组D组中，不被人看好的哥斯达黎加能够一鸣惊人，

杀得那些土豪洋豪们落花流水，即使赢不得最后的胜利，也让他们和整个世界为之一颤。

那就是世界杯最美妙精彩的比赛了。

那就是看戏要看的高潮和华彩唱段了。

足球的本质是悲剧

　　我始终认为足球的本质是悲剧。扬眉吐气的胜利者，毕竟只是少数，而且是一时，几家欢乐几家愁，是悲剧永恒存在的背景。那些失败者，才是绿茵场上游弋的灵魂，更何况这些失败者本身是拥有一定实力的，并不应该遭受如此致命的一击，这又加深了悲剧的力度。于是，看他们悲伤地离开赛场而再也无法返回的情景，总像是一场大片刚刚看了个开头，我心目中的英雄人物就已经壮烈牺牲了一样，徒留下无限的遗憾和感伤。

　　世界杯进入淘汰赛，才像是真正开始。两支对垒的球队必须有一队被淘汰出局，忍受提前回家命运的残酷折磨。这样的比赛，过程是激烈好看的，但结局却让人感伤，为出局者生出更多的同情和无奈，特别是那出局者的实力本来并不差，甚至强于敌手，或者出局者本来是你心中的所爱，会在无形中更增加你的怅惘之情。我称这样的淘汰赛所呈现出的悲剧之美为残酷美。像是电影或戏剧里演的那样，不是窄路相逢的仇人见面分外眼红，白刀子进去，红刀子出来，必然有一人扬长而去，另一人则仰天长

啸倒在血泊之中；就是恋人分手在所难免，纵有离别前的无限缠绵与纠葛，一次次的彼此争斗与伤害，最终还是得挥泪而别，即使还能够有重逢的机会，最快也得再苦苦等上四年。前者，体现出的是无可奈何的牺牲；后者，体现出的是黯然神伤的分别。一样的残酷，一样的美，只不过，一个是壮烈的美，一个是凄然的美。

淘汰赛第一轮，德国对决瑞典，开场才10来分钟，德国队就先声夺人，连续进攻两球，注定了命运的结局。纵使瑞典队如何反扑，也无济于事，最后只能忍受失败的现实，一个个北欧的壮汉，只能是长使英雄泪满襟，眼看着德国人台上台下的热烈欢呼而黯然退场。第二轮法国对巴西，曾经那样强大的巴西，一样黯然退下，忍受着失败的结局。这样的比赛，是不是有些像我说的前者，美体现在一个个英雄倒下的惜败之时的壮烈？

再看第一轮的另外一场比赛，阿根廷对决墨西哥，也是开场仅仅10分钟，彼此就各攻进一球，然后便是长久的对峙，一次次的试探，一次次的考验，你来我往，此起彼伏，耳鬓厮磨，又矛盾迭出，一直撕扯到了终场哨音响起，以致不得不拖到加时赛中。如果不是最后罗德里格斯那一记拔脚劲射，这样的缠绵与撕扯，还不知道要拖到什么时候，拖到点球大赛，也说不准。虽同属于南美，和墨西哥也算是门当户对，无奈阿根廷就是看不上它，又有什么办法？阿根廷最后快刀斩乱麻，虽多了无穷的痛苦，却不失为问题久拖未决而得到一了百了的方法一种。纵然墨西哥再如何黯然神伤，再如何不愿意就此分手罢休，也只能各散东西。这样的比赛，是不是有些像我说的后者，美体现在恋人分手之际的无可奈何和心所不甘中的凄然？最后，不仅墨西哥走了，阿根廷也走了，巴西也走了，德国也走了，法国因齐达内终场前那一头撞倒马特拉齐也无可奈何地走了……那些都是你心仪的球队，就像你心目中恋慕多年的恋人离开了你。

世界杯的残酷，就在于无论你是如何的英雄，无论你是如何的缠绵，必须得有一个倒下，必须得有一个分手。但是，足球的悲剧之美正体现在这样的残酷之中。前者，尽管封喉路断，论功不成，毕竟一路杀来，且吟王粲，不赋渊明，气魄与志气体现在最后轰然倒下的瞬间，美便也体现在残酷中。后者，尽管不知魂断，空有梦随，毕竟不舍不弃，难舍难分，哪怕最后恩断义绝，不得不离开，离开的背影颤抖着也分外动人。纵使做不到"分手脱相赠，平生一片心"，却也有一幅"落日照大旗，马鸣风萧萧"的画面，凄美存在于残酷中。

足球的本质就是悲剧，重要的原因，那是因为最后的胜利只能由一次比赛的性质所决定；那是因为为了最后的唯一一次的胜利，你要付出漫长的等待、煎熬和磨难。你只能忍受一脚定乾坤的结局。因此，既然你选择了足球，你就要记住老马尔蒂尼在上届世界杯上讲过的话："你必须忍受足球带给你的痛苦。"

足球三味

看世界杯，其魅力不仅仅是看客观的比赛，而是宣泄你主观的感受与想象，如果客观的比赛和你主观的感受与想象相差太远，比如英格兰对巴拉圭，虽然英格兰靠一枚乌龙球赢了，但那球踢得寡然无味，你便觉得看的比赛犹如死鱼一样毫无生气；但是，如果客观的比赛和你主观的感受与想象吻合在一起，便会碰撞出漫天纷飞的焰火，点燃起你看球的快感。瑞典与特立尼达和多巴哥一战，虽然0：0平局，却就是这样的一场激情四溢的比赛，真可谓惊心动魄，令人叹为观止。这正是我主观向往的那种足球大战。其中三味，至今让我回味。

整个世界都充斥着"狼图腾"的崇拜，都上演着恃强凌弱的"狼和小羊"的正剧，都以金钱至上乃至武力的狂轰滥炸为话语权的掌握、为世界的主宰，令人顶礼崇拜，或敢怒而不敢言。特立尼达和多巴哥共和国——人口只有110万，地盘赶不上北京的三分之一大，那样小的一个国家，第一次参加世界杯，名不见经传，弱小得如同一条豆芽菜，却偏偏让北欧老牌劲旅瑞典队穷奔死跑90分钟而无计可施，而垂头丧气，而一次又一次无可奈何地无功而返，落败而归。这是多么让人痛快的事情，凭什么罚掉一个人在如此不平等的条件下就得举手投降？凭什么狼就一定站在河的上游，而羊就必须站在河的下游喝你喝过的剩水？那些平日里志在必得器宇轩昂的大腕大佬大人物们，也尝尝伊索寓言中高高的骆驼弯下腰来屈尊从低矮的门中走过去的滋味吧。此其一味也。

如果不是正牌门将杰克开赛哨前几分钟意外受伤，一直坐在替补席上的希斯洛普难有如此登台亮相的机会。37岁的希斯洛普，冷板凳上还能熬几届世界杯？可以说，正是这样的意外成就了希斯洛普，让他有了机会英姿飒爽地扑出几乎命中的险球，让瑞典人26次焦

2018年俄罗斯世界杯小组赛E组，塞尔维亚0∶2负于巴西

灼不堪的射门，一次次化为无用的零，让他鬼使神差地证明了一直渴望证明却一直没能证明的一切。意外，从来都是世界杯上演的好戏，也是人生难得的馈赠。对于我们平淡的人生，对于我们庸常的日子，对于我们没有权势没有门路的平民而言，多一点这样的意外，等于多一点机会，多一点平等，多一条生路，多一方让炉灰渣儿也能够放光的舞台。此其二味也。

特别值得赞赏的，是特立尼达和多巴哥的教练本·哈克。不仅在于他在关键时刻的两次果敢的换人，坚定了全队的士气；更在于临终场前10分钟的时候，正在瑞典队调兵遣将一次次大兵压境强攻大门险象环生而频频告急的时候，他抱着胳膊冲场上他的队员露出了灿烂的笑容。这样的镜头，犹如面对司马懿率领大兵压境时的诸葛亮。事后，他这样解释他的这个让我难忘的笑容："那个时候，我希望队员从我的笑容中得到启示，即使我们现在丢球了，我们也已经胜利了。"听到这样的话，我很感动，这样的话，更像一位父辈的话，是对年轻人的信任和信心，还有理解与爱。对于注重结果而不注重过程、注重数字指标等物化的表面一切而不注重精神的现实而言，老本·哈克的微笑，是他执教的艺术化，他将足球的哲理温婉地告诉给了我们。此其三味也。

一场好球，如一首好诗，给予我们回味的东西总会很多。特立尼达和多巴哥，让我们记住了这个连铁路都没有的国家，却拥有着如此令人骄傲的足球。

残酷之美

正如梅西所说，进入16强淘汰赛时，世界杯才真正开始。没错，只有小组赛后，世界杯的真面目才会暴露无遗。所以，我称世界杯这时候具有了残酷之美。这是世界杯区别于其他艺术的本质地方。艺术，可以有残缺之美，比如断臂的维纳斯，但一般不具有残酷之美。即便是悲剧，其美只是将美好的东西撕碎了给人看。但这样的"撕碎"，是人工的设计，是事先预设好的，非要在特定的场景和时刻，让麦克白或哈姆雷特去死。世界杯没有任何的预设，一切命运的生死，都在瞬间爆发并完成。残酷常常出现于始料未及的意外之中。同时，更不像艺术悲剧中的美是存在于对立一方的对面，世界杯的残酷之美，并存于双方，就像雷电相击，可能撞击出暴风雨，其中之美，正是产生在这样的雷与电相互厮杀的残酷里。

因此，即便大佬如意大利、英格兰和西班牙，纷纷在小组赛的阴沟里翻船，闹得个灰头土脸提前打道回府；即便甚至可能是最后一次参加世界杯的老将如皮尔洛、哈维、杰拉德、德罗巴、

埃托奥等，烟消云散，黯然退场；即便如带伤上阵志向远大的C罗泪洒绿茵场，他的女友为其悲伤得落寞在无人的街头，都只能算作世界杯的插曲，有些让人伤感，却谈不上残酷。

残酷之美，必然是在淘汰赛中。这样的比赛，过程是激烈好看的，但结局却让人感伤，为出局者生出更多的同情和无奈甚至愤懑，特别是那出局者的实力本来并不差，甚至强于敌手，或者出局者本来是你心中的所爱，会在无形中更增加你的怅惘之情。世界杯所呈现的残酷之美，才会如威士忌中的冰块渐渐融化于酒中，冰冷却如火一样刺激着你的心，看不见的伤口，难以愈合结痂，更难以如鸟一样重新飞上枝头绽放。

智利走了，墨西哥走了，或许你觉得，这两支队伍不应该走，他们碰上的是巴西和荷兰，应该走的是这两家豪门才是。或者如果智利和墨西哥不碰上这两家豪门，就会是另一番命运。同样是桑巴，凭什么巴西的桑巴就可以一花独秀，而仙人掌凭什么就不会取代郁金香。更何况，巴西是靠罚点球的偶然性取胜，而荷兰队的罗本还有假摔的嫌疑。但是，世界杯的残酷之美，就体现在这里，任凭你有多少正当甚至正义的理由，有多少合情合理的甚至是合乎世道人心的不情愿，最后的结果板上钉钉，无法改变。就像突然一刀划破你的脸颊，鲜血如注；就像雷电击倒一棵大树，猝不及防。这便是残酷之美。

积32年之仇，一腔热血，厉兵秣马，重出江湖，杀入世界杯淘汰赛的阿尔及利亚没有报仇成功，再次失利于德国这架老战车前。就想已经顽强坚持了118分钟，还剩下两分钟就可以打平进入加时赛的瑞士，最后被对方一次两秒钟的攻门而功亏一篑。你再为阿尔及利亚和瑞士扼腕长叹，再为命运不公而仰天长恨，又有何用？这就是世界杯的残酷之美。有仇难报，有志难舒，有情未了，才让世界杯有个看头，才让世界杯有个盼头，才让世界杯不同于低吟浅唱的时尚小调或鸡吵鹅斗的肥皂剧或杯水风波的爱情片，而成为郁积于心埋藏于岁月里的一枚经年不化的却总也成不了钻石的琥珀。

更何况，这不过是第一轮淘汰赛，下一轮法国对阵德国，两位欧罗巴的老贵族，还不知鹿死谁手呢。而我一直看好并暗暗祝福的哥斯达黎加，点球侥幸胜希腊后，下一轮也是命运难卜。世界杯的残酷之美，就在于常常和你的构想背道而驰，彻底打翻或粉碎你的梦想，严酷地挑战你已经被现实挤压而萎缩成话梅核一样的想象力。

世界杯的残酷之美，就是这样体现出壮烈的美，凄然的美。无论球队，还是球迷，即使还能够有重逢的机会，最快也得再苦苦等上四年。四年之后，可能等待着你的是梦想成真，也可能依旧是残酷的命运：让你继续泪洒疆场，一切的希望如肥皂泡在绿茵场瞬间破灭。

中国足球的药方

　　记得那一年在杭州国足主场对阵黎巴嫩，虽然 1:0 赢了，但赢得很难看，依然遭到球迷的嘘声和唾骂，甚至有气愤的球迷当场高喊"国家队解散！"。赛后采访黎巴嫩队的教练鲁斯图，他说了这样一句话，让我很难忘，他说："我们的队员一年的工资，还没有中国队一个月的工资多，能取得这样一个结果，我还算满意。"

　　确实，国足球员的工资高得与他们的水平距离相差太远，更重要的是我们对国足的整个投入，也实在高得离谱，超越我国其他的体育项目。具体国足球员的工资，我们不清楚他们到底拿多少，但仅看在米卢执教冲击世界杯那一年，却有个明细账，国足整体花费是一个亿的人民币，仅仅伙食和洗衣费用每天每人就是400元，赶得上一个下岗工人一个月的工资了。如果和豪宅或豪饮相比，国足真的成了豪足了。

　　中国足球舍得花钱，是出了名的，借水行船，企业不吝赞助，是中国足球来钱的一大模式。其中恒大财大气粗，当年砸

2500万欧元，请来里皮，成为中国足坛一大新闻，其热度似乎超过了对已经看押多时的中国足协原"三巨头"的审判。对于球迷而言，活的"银狐"总是比死老虎更有看头。但对于中国足球来说，这两件看似并没有任何联系的事情，却暗含款曲，在揭开遥远两地的盖头的时刻，隐约或明确地告诉了我们，中国足球一个新时代的到来。中国足球的新时代，真的会到来吗？

正如当年里皮自己颇为自信并自得讲的："我的到来，本身就是一件具有极大意义的事件。"这个"极大意义"，正在于恒大此举开创了中国金元足球的新时代，或者说进一步夯实了中国足球金元时代的到来。因为，早在万达砸钱请来卡马乔出任国足主教练，就已经向金元足球迈出了一大步。只不过，卡马乔远不如里皮影响大，这位在2006年德国世界杯带意大利队获得冠军的教练，可以说是进入中国足坛第一位真正具有这样"极大意义"的国际大牌教练。

以为相对已经深陷囹圄的中国足协原来几个头头所建造的千疮百孔的行政足球时代，金元足球时代是一种进步，其实是过于天真了，是不切实际的事情。而且，同行政足球时代相比，金元足球时代对于中国足球的伤害恐怕是一样的大。因为有迹象表明，还有其他俱乐部愿意砸钱买来欧洲的球星，以此来造就自己的俱乐部。无疑，短时间内，中超比赛会变得花团锦簇很好看，亚洲杯的成绩一时也会有所进步，但这只会是昙花一现，是治标不治本的，充其量只是一剂泻药，暂时泻一泻中国足球的虚火而已；或者是一剂补药，暂时还阳而已。

就本质而言，这种砸钱办足球的思维，依然是传统的有钱能使鬼推磨的思维模式。在这个世界上，并不是所有的事情都是能够靠砸钱就办成的。任何事物都有自己的规律，这就是我们所说的天时地利人和，需要的是天工造物的时间和时机，而不是越过这个规律，去人工制造。那样的话，便不是足球。以前，行政足球走的弯路，恰恰是不懂得这个规律，而妄想以行政的力量去征服足球，屡屡碰壁，以至让这种行政足球成为笑柄和自己锒铛入狱的滑梯。那么，金元足球，同样违背了这个规律，再一次做异想天开之梦，就一定可以救中国足球吗？

中国足球需要开放的心态和引进的姿态，需要国际先进的足球理念和训练体系与模式，但这一切并不是以为砸钱就可以奏效的。中国足球立地成佛的梦，一直是国人心头中一个魔怔似的结。我不能说企业家出钱办足球不好，世界很多俱乐部也是企业家出钱的。只是，这种以为花大钱可以运作一切，可以铺开中国足球成功之路，不过是企业家将足球变为自己手中的一个项目的操作方式的惯性思维模式。资本的力量，介入并影响中国足球，已经成为现实。我们现在需要的是冷静地面对并批评这个现实，而不是一味地鼓噪。

曾经看到过特鲁西埃对中国足球一针见血的批评。这位有名教练来中国执教有段时间了，却未能有所建树，但他看到了中国足球的弊端，他指出青少年培训、职业球员素养和整个足球体系的问题，但始终没有得到很好的解决，请谁来，都无法真正带领中国足球走向成功的。他批评有些自以为是对中国足球热爱的人士："这种爱是脆弱的，不会持久。"我不知道，他的批评是不是包含着舍得大把大把抛撒金钱并企望改变中国足球意志的企业家们。

如此金钱浇灌，真的是好肉不疼赖肉疼，国足就如同被娇惯的孩子，越没出息越娇惯，越娇惯越没出息，成了恶性循环。在国足成为我们的面子和急功近利的状态和心态之下，我们以为砸出金钱就会有响声，重赏之下必有勇夫，谁料想，过重的金钱系在鸟的翅膀下，只会让鸟无法飞翔。在如此利欲熏心的拜物教的崇拜下，欲望成为无底洞，钱不压手，将心磨成搓脚石一般千疮百孔，踢球成为赚钱（甚至赌钱）的一种职业，理想和责任从何谈起？赌球等一切黑暗，还不都是在这样温床上孵化且膨胀起来的，以致今天这样的不可收拾？

有时候，很多事情，真的不是金钱多少能够衡量的。自足球职业联赛开展以来，中国足球水平没有上去，问题却接踵而至，而且积重难返。我们实在是到了认真反思的时候了。并不是什么问题都可以通过市场经济来解决，职业联赛也不是用金钱堆砌出来的。在经济时代到来之际，体育春江水暖鸭先知一般，如鱼得水，国足更是借水行船，先自己挣得个盆盈钵满，却无形之中让金钱如蛇一般，将体育的精神咬噬，将圆圆的足球异化为方方的色子。

如今中国足球麻木的精神，尤其需要精神营养的滋润。不从金钱的泥潭里拔将出来，中国足球不会有太大的出息。

中国足球的残酷现实是，我们缺乏自己发展的根基。我们

的高尔夫球场远远多于青少年踢足球的绿茵场，青少年足球后备力量严重的青黄不接。"从娃娃抓起"，虽然口号叫喊了多年，问题却没有得到有效地解决。时光毫不留情，一届紧接一届的世界杯过去了，花开花落，当年驰骋风云的小将拉姆、波多尔斯基、鲁尼和梅西，一个个都快要老了，我们的郑智也都老了，我们依然没有培养出挖掘出什么出类拔萃的小将。于是，我们只好花重金请来孔卡和埃尔克森等一些外国人，让他们披上我们的战袍，作为雇佣军出征。这多少有些像是在化妆演戏，可以横刀立马冲杀的场景非常壮观，让我们观赏得热血沸腾，幕落之后，看到的却不是我们中国足球真正的现实。恒大，可以砸钱让他们换上我们的战袍，却无法让我们本土的球员一下子踢出水平。

可以想一想，青少年足球后备力量的培养和梯队形式未曾建立，基层教练员的力量和水平越来越薄弱，我们舍得花多少钱去进行这些最基础的工作呢？相反，我们极愿意把粉搽在脸上，渴望它一朝焕发光彩而夺人眼目。里皮的本事再大，即便能够率领恒大夺得亚冠的冠军，又能够怎么样呢？能够帮助中国足球有本质性的提高吗？或者可以从侧面促进中国足球的进步？我是不敢抱这样的幻想。中国足球请洋教练来中国，一个接一个，走马灯一样，并没有带中国足球进入天堂。不要以为泼洒出上亿元金钱请来的里皮，就是医治中国足球顽疾的一剂药方。

还是要记取当年邓小平留下的话：中国足球，要从娃娃抓起。饭得一口一口吃，路得一步一步走，足球虽小，是圆的，和地球同圆，我们不要对它理所当然地想当然，以为资本的力量就可以令其变方。

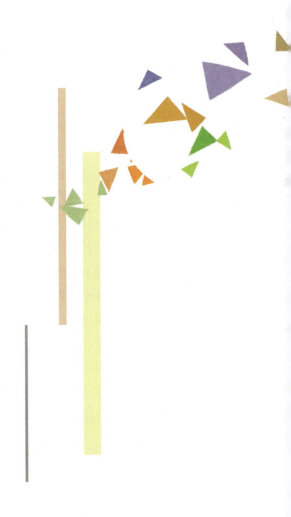

足球哲思

足球和地球同圆。

很少听说篮球是圆的，地球是圆的；排球是圆的，地球是圆的；乒乓球是圆的，地球是圆的等说法。尽管，小小乒乓球曾推动过地球的旋转，叩响过中美关系的大门。

但足球和地球是同圆。只有足球堪称和地球相比，同为一圆。足球的威力，确实非同小可。能有哪一种哪一项体育运动，能够赶得上足球掀起世界范围内的狂潮巨澜？

足球是体育的心脏。

足球是地球时常奔涌如注的血脉。

足球超越政治、经济、民族、肤色、文化、地域……令上自国家领袖，下至黎民百姓，一律情不自禁向它行注目礼。

足球运动，尤其是四年一届的世界杯赛，不亚于一场地震，不亚于一场战争。只不过，振荡在亿万人的心中，将战争袖珍于绿茵场上。震期并非不可预测，而是四年为一周有规律的潮起潮落；战争也有了严格的游戏规则，虽没有举起战败的白旗，却拥有了胜利者的金杯。

足球让人们狂欢，也让人们审视着自己，同时发现着自己。正如地球每一天都会令我们有崭新的发现一样，足球也令人们发现新的价值。

足球让人们在世风世俗之中，可以肆意地蔑视权贵、血统、后门、关系，以及种种小聪明、小动作，而让人们相信：只要凭借着自己坚实的实力，在绿茵场上抖出威风，即可如电影明星、科学巨匠一样，令整个地球知晓。人们可能会不知道巴西、喀麦隆、意大利的总统是谁，但不会不知道贝利、米拉和罗伯特·巴乔。

足球，含有人类若干年来一直苦苦探寻、孜孜追求的理想：那就是足球里面蕴含着不分种族、不分血统、不分信仰、不分富贵、不分贫贱、不分地域的自由、平等和公平。

只要你能把这只圆圆的足球踢得出色，你就能令地球在你脚下震撼！

足球运动排山倒海的豪迈气概——体现人类理想的崇高；足球运动连贯起伏（比赛中极少有死球、暂停）的流畅风格——体现人类追求的自由。

足球本身的黑白分明，体现着人类渴望的真理。

不可测性，给足球带来了悬念，给球迷带来了意外，方才形成独具魅力的刺激。足球这种突发性的意外，往往只是一球之差而无法挽回，便更增加了心底的一种渴望和激情。

意外成了一种结局，也成了一种艺术。给人心以慰藉、刺激

和解气之余，让人心中涌起"东风吹，战鼓擂，现在世界上谁怕谁"的一种普遍潜在的英雄感。这在道德沦丧、庸人泛滥、英雄贬值的今天，让萎缩的心崇高地抖擞一回而得到艺术般的升华。

足球，实在是一种神奇的运动，它蕴含着无穷的秘密，足够让球迷乃至世界去解读。其中之一的秘密便来自它能以足够的能量和潜力，激发不仅球员还有更多观众的爱国热情与民族的自豪感和自信力！

足球连着地球，连着地气，人人心心相连，在足球场上才能荡气回肠、血脉贯通，洋溢着绝非个人的情感，而升华为国家、民族，乃至全人类的崇高的情感！

其实，无论地球还是足球，绝对的圆是不可能的。科学早已证明地球只是一个近似的圆。而足球的缝制，再如何精致，也难以成为三百六十度精确的圆。

圆，只是一种理想，一种梦。

圆，是一种极致。

足球，从某种程度上看，是普遍丧失理想和信仰的人类的一种泛理想和泛宗教。

罗伯特·巴乔说："足球当今已经成为国家大事。"他为他的国家争得了荣誉，也给自己带来了巨大的精神压力。为了更好地献身足球事业，他改变了信仰，皈依了佛教，成为日本佛教学院院长池田大作高僧的弟子。

巴乔深深地理解足球，把足球当作宗教一般的信仰，给我们一面启示的镜子。

2018年俄罗斯世界杯
上的冰岛队美女球迷

　　球迷，是足球生长的土壤，飞翔的天空。

　　球迷，是足球队的影子阵容，是足球场上第十二人。

　　球迷，是世界三十二强的总教头。

　　球迷观球心态种种——

　　唯恐天下不乱：此种心态看球，希望双方踢得如火如荼，花边新闻越多越好，恨不得踢出个白刀子进去红刀子出来，图的就是春秋混乱的热闹劲儿，专家预测全部落空。

　　同情弱者：此种心态看球，心如磁针总是倒向实力较弱的一方，最盼望强队阴沟里翻船，一舒心中郁闷之气。

　　一厢情愿：此种心态看球，心中早有所归属，只默默为自己的偶像加油，如若胜利在手，则如热恋般狂热不已；如若失利，则如失恋般痛苦不堪。

　　赌博心理：此种心态看球，宝押在一方，拼命为其助威，球场给了他一个机会，与其说是赌输赢，不如说是给自己一次展示自己的焦点时刻。他看人家踢球，人家看他风采。

　　统帅心理：在球场上嬉笑怒骂，皆成文章，发泄心中一览无余的怨恨，暂时忘却并转换自己的人生角色，皇帝轮流做，今日到我家。

　　世界大同心理：最希望强队不强、弱队不弱，一锅糊炖没有豆；势均力敌、不分彼此，各打五十大板；平分秋色，天裁春水，永远握手言和。

　　球迷观球心态，是足球场外各自性格、生活、命运在哈哈镜前的折光。

球迷场上的种种心态，就是我们人生种种心态的变种。

球迷可以原谅球员的种种闪失，却难以原谅裁判一丝一毫的错判。球迷对球员的闪失可以是起哄甚至是谩骂，对裁判的错判则是把他愤怒地赶出球场，永不返回。

裁判，是人们心中公正的象征。

球迷可以容忍球场之外种种不公正，绝不允许将这种种不公正带进球场上。

不要教育球迷冷静。

冷静，只能安放在实验室、阅览室或电冰箱里冷藏；球场上从来都是放逐奔跑呼叫的豹子。

不要怕球迷狂热。

狂热，是球迷高扬的旗帜；是球迷脱下平日里披挂伪装的沉重外衣，给自己萎缩憋屈的心情放个假。

男人喜爱足球，是喜爱发泄；女人喜爱足球，是喜爱崇拜。

男人喜爱自己心目中的球星，是希望他能够到更远的地方去，踢得更加出色；女人喜爱自己心目中的球星，是希望他能够到自己身边来，为自己签个名。

男人谈论足球，像是谈论自家的事情，好比从自己的衣袋里掏出香烟和打火机；女人谈论足球，像是谈论心中的幻影，好比从时装画报中剪裁下模特的照片或时装的新式样。

国家元首看足球，足球是他办公中休息时一杯香味浓浓的咖啡；平民百姓看足球，足球是他家常菜里最后一盆热气腾腾的汤。